AI-MPAC

El Camino Hacia el Futuro: Masterclass en Inteligencia Artificial y Transformación Digital

Santiago Velázquez Velázquez

La transformación digital y la inteligencia artificial (IA) están redefiniendo nuestra sociedad. El proverbio chino **"El mejor momento para plantar un árbol fue hace 20 años. El segundo mejor momento es ahora"** resalta la importancia de actuar y abrazar el cambio. Aunque invertir en IA y tecnologías digitales requiere tiempo y esfuerzo, los beneficios duraderos valen la pena. No esperes más, atrévete a dar el salto y transforma tu futuro, convirtiéndote en parte activa de esta revolución tecnológica.

¡TRANSFORMA TU FUTURO!

Nos encontramos en un momento histórico en el que la Inteligencia Artificial (IA) está cambiando nuestras vidas y revolucionando el mundo laboral. En los próximos 12 meses, se espera que la IA genere más millonarios que nunca antes en la historia. Sin embargo, estas increíbles oportunidades serán accesibles únicamente para aquellos que estén preparados y dispuestos a aprovecharlas.

La clave para beneficiarse de esta revolución tecnológica radica en la adopción temprana, la educación y la adaptabilidad. Es crucial invertir tiempo y recursos en el aprendizaje de las habilidades necesarias para aprovechar al máximo las ventajas que la IA puede ofrecer. Aquellos que se capaciten y se adapten al ritmo vertiginoso del avance tecnológico estarán en la mejor posición para cosechar los frutos del progreso.

El futuro es ahora y está en nuestras manos. ¡No dejes pasar esta oportunidad única de ser parte de la nueva era de la IA y transformar tu vida en el proceso!

OCHO OBJETIVOS QUE ESTE LIBRO
LE AYUDARÁ A LOGRAR

1. Comprender los fundamentos y conceptos clave de la inteligencia artificial y la transformación digital.

2. Identificar oportunidades para aplicar la inteligencia artificial en diversos sectores y nichos de mercado.

3. Desarrollar habilidades técnicas y no técnicas esenciales para trabajar en proyectos de IA y transformación digital.

4. Aprender a diseñar e implementar estrategias de transformación digital en negocios existentes y nuevos.

5. Recomendaciones para crear y gestionar proyectos exitosos de IA y transformación digital desde la conceptualización hasta la implementación.

6. Fomentar una cultura de innovación y colaboración en equipos multidisciplinarios.

7. Evaluar y seleccionar las herramientas y tecnologías adecuadas de IA para resolver problemas específicos.

8. Mantenerse actualizado en las tendencias emergentes y desarrollos futuros en el campo de la inteligencia artificial y la transformación digital.

"AI-mpact: El Camino Hacia el Futuro" es un libro que ha sido concebido y desarrollado gracias a la intersección de la creatividad humana y la inteligencia artificial. Utilizamos la herramienta de generación de lenguaje de OpenAI, ChatGPT, como una fuente de consulta y generación de ideas, lo que nos permitió producir un contenido extenso y de alto valor.

El libro es el resultado de un exhaustivo proceso de investigación y consulta, en el que se recopilaron y analizaron las más recientes y relevantes publicaciones en el campo de la inteligencia artificial y la transformación digital. Además, se hizo uso de la capacidad de aprendizaje de máquina de ChatGPT para generar ideas y conceptos basados en una amplia gama de fuentes de información.

El uso de ChatGPT en la creación de este libro permitió una amplia exploración de ideas y enfoques, y proporcionó una valiosa perspectiva que enriqueció la calidad del contenido. Sin embargo, la visión y dirección finales del libro son el producto de un esfuerzo humano consciente, buscando proporcionar a los lectores una guía clara y completa sobre cómo la inteligencia artificial está moldeando nuestro camino hacia el futuro.

Este libro representa un verdadero hito en la intersección de la inteligencia artificial y la creación literaria, al tiempo que ofrece una visión profunda y práctica de cómo la inteligencia artificial y la transformación digital están redefiniendo el mundo tal como lo conocemos.

Prólogo

Este libro es un viaje y una invitación. Un viaje a través del fascinante mundo de la inteligencia artificial, y una invitación a ser parte activa de este emocionante paisaje en constante evolución. "AI-mpact: El Camino Hacia el Futuro" no es un simple tratado teórico sobre la IA. Es mucho más que eso.

Nació de una colaboración única entre la creatividad humana y la extraordinaria capacidad de aprendizaje de la inteligencia artificial, en este caso representada por el modelo de lenguaje de OpenAI, ChatGPT. Este libro es el resultado de innumerables horas de conversación, análisis y síntesis, buscando entender y desentrañar las complejidades y el enorme potencial de la inteligencia artificial.

Pero más allá de la teoría y la abstracción, este libro es eminentemente práctico. Su objetivo es enseñarle cómo la inteligencia artificial puede implementarse en su vida diaria y cómo puede aprovecharla para resolver problemas reales, impulsar la innovación y abrir un mundo de oportunidades.

Cada capítulo es un paso más en este viaje, proporcionando una visión clara y accesible de cómo la inteligencia artificial está cambiando nuestro mundo y cómo puede cambiar su vida. Le enseñará a mirar el futuro no con temor, sino con curiosidad y optimismo. Le mostrará cómo la inteligencia artificial puede ser una herramienta valiosa y poderosa en sus manos, lista para ser utilizada para construir el futuro que desea.

"Ai-mpact: El Camino Hacia el Futuro" no es solo un libro, es una experiencia, una aventura en la que aprenderá, crecerá y, esperamos, se inspirará para aprovechar el poder de la inteligencia artificial. Está diseñado para ser su guía, su manual y su aliado en este emocionante viaje hacia el futuro.

Esperamos que al leer este libro, sienta que tiene en sus manos no solo un recurso valioso, sino también una luz que le guiará en su camino hacia la comprensión y la utilización efectiva de la inteligencia artificial. Este es el comienzo de su viaje, y estamos emocionados de estar aquí con usted. Bienvenidos a "AI-mpact: El Camino Hacia el Futuro".

Índice

Masterclass

Objetivos de la masterclass:
Esta masterclass brinda una perspectiva práctica y actual de la inteligencia artificial (IA), así como discutir tendencias y el futuro de la IA en el mundo real.

Aplicaciones prácticas de la IA:
- Asistentes virtuales y chatbots
- Automatización de procesos (RPA)
- Reconocimiento de imágenes y visión artificial
- Procesamiento del lenguaje natural
- Sistemas de recomendación
- Vehículos autónomos y robótica
- Análisis de datos y toma de decisiones

Tendencias en la IA:
- Aprendizaje profundo (Deep Learning)
- Transferencia de conocimiento (Transfer Learning)
- Redes generativas adversarias (GANs)
- IA explicable (Explainable AI)
- Edge computing y modelos de IA ligeros
- Ética e impacto social de la IA

El futuro de la IA:
- La IA en la Industria 4.0
- Integración de la IA en la vida cotidiana
- IA y sostenibilidad
- Desarrollo de talento y educación en IA
- Cooperación entre humanos y máquinas

Retos y oportunidades en el desarrollo de la IA
Casos de éxito en la aplicación de IA en el mundo real:
- Descripción de proyectos y soluciones exitosas en diferentes sectores (salud, finanzas, logística, energía, etc.).
- Lecciones aprendidas y mejores prácticas.
- Desafíos y obstáculos enfrentados durante la implementación.

Consejos y recomendaciones para implementar la IA:
- Identificación de oportunidades de aplicación de la IA.
- Desarrollo y selección de algoritmos y modelos de IA.
- Gestión y preparación de datos.
- Trabajo en equipo y colaboración multidisciplinaria.
- Evaluación de resultados y ajustes necesarios.

Preguntas y respuestas:

- Espacio para que los participantes formulen preguntas y compartan sus inquietudes acerca de la IA en el mundo real.

Conclusión:
- Reflexión sobre la importancia de la IA en el mundo actual y la necesidad de adaptarse a las nuevas tecnologías.
- Invitación a los asistentes a seguir aprendiendo y explorando la IA en sus campos de interés y trabajo.

Creación de Negocios Rentables con Inteligencia Artificial: Paso a paso
- Descubre cómo crear un modelo de negocios rentable con la ayuda de la inteligencia artificial (IA) en 8 pasos
- Aprende a identificar oportunidades de mercado, integrar IA en tu propuesta de valor, diseñar tu modelo de negocio, y desarrollar, lanzar y optimizar tus soluciones de IA para lograr el éxito en tu empresa.

Impulsa tu negocio con la Inteligencia Artificial: Paso a paso
- Aprende a integrar la Inteligencia Artificial en tu negocio existente en 10 pasos
- Descubre cómo identificar oportunidades, desarrollar soluciones personalizadas, medir el impacto y fomentar una cultura de innovación para impulsar la eficiencia, rentabilidad y satisfacción del cliente.

Guía de herramientas IA
- Presenta una guía práctica para aplicar la inteligencia artificial en diversos nichos y campos
- Simplifica el proceso de selección e implementación de herramientas de IA adecuadas
- Aborda cómo la IA se aplica en diferentes áreas, proporciona ejemplos concretos y sugiere herramientas relevantes
- Incluye consejos y mejores prácticas para una implementación efectiva, ayudando a los lectores a aprovechar al máximo la inteligencia artificial y garantizar su éxito en el mundo digital.

Chat GPT
- Uso de Chat GPT
- Uso y manejo de prompts

Conclusión y proyecciones futuras
1. Reflexiones sobre el futuro de la inteligencia artificial y la transformación digital
2. Desafíos y oportunidades a futuro

GLOSARIO DE TERMINOS

1. Inteligencia Artificial (IA): Campo de estudio que busca crear sistemas capaces de realizar tareas que normalmente requieren inteligencia humana.
2. Software: Conjunto de programas y procedimientos que permiten a una computadora realizar ciertas tareas.
3. Transformación Digital: Incorporación de tecnología digital en todas las áreas de una empresa, cambiando fundamentalmente la forma en que opera y proporciona valor a sus clientes.
4. Algoritmo: Conjunto de instrucciones paso a paso para resolver un problema o completar una tarea.
5. Big Data: Grandes conjuntos de datos que son analizados computacionalmente para revelar patrones, tendencias y asociaciones.
6. Machine Learning (Aprendizaje Automático): Rama de la IA que se centra en la creación de sistemas capaces de aprender de los datos.
7. Deep Learning (Aprendizaje Profundo): Subcampo del aprendizaje automático que se centra en algoritmos inspirados en la estructura y función del cerebro llamados redes neuronales artificiales.
8. IoT (Internet de las Cosas): Red de dispositivos físicos conectados a Internet que recopilan y comparten datos.
9. Cloud Computing (Computación en la Nube): Entrega de servicios informáticos a través de Internet, que incluyen servidores, almacenamiento, bases de datos, redes, software, análisis y más.
10. Blockchain: Tecnología de registro distribuido que asegura la transparencia y la seguridad en las transacciones digitales.
11. Ciberseguridad: Prácticas y tecnologías diseñadas para proteger sistemas, redes y programas de ataques digitales.
12. Robótica: Campo de la tecnología que se ocupa del diseño, construcción, operación y uso de robots.
13. Data Mining (Minería de Datos): Proceso de descubrir patrones y conocimientos a partir de grandes volúmenes de datos.
14. Chatbot: Programa de software diseñado para interactuar con humanos en su lenguaje natural.
15. Redes Neuronales: Conjuntos de algoritmos inspirados en el cerebro humano, diseñados para reconocer patrones.
16. Procesamiento del Lenguaje Natural (NLP): Rama de la inteligencia artificial que se centra en la interacción entre las computadoras y el lenguaje humano.
17. Realidad Virtual (VR): Experiencia de inmersión generada por la computadora que puede simular la realidad o crear un entorno completamente ficticio.
18. Realidad Aumentada (AR): Tecnología que superpone información digital en el mundo real.
19. Fintech: Empresas o servicios que utilizan tecnología para proporcionar servicios financieros a empresas o consumidores.
20. KPI (Indicador Clave de Rendimiento): Medida cuantitativa que las empresas utilizan para evaluar el éxito de una actividad específica en la que se está participando.
21. API (Interfaz de Programación de Aplicaciones): Conjunto de reglas y protocolos para la construcción e interacción de software.
22. Inteligencia Artificial General (AGI): Un tipo de inteligencia artificial que tiene la capacidad de entender, aprender y aplicar cualquier tarea intelectual que un humano pueda hacer.
23. Inteligencia Artificial Estrecha (ANI): AI diseñada y entrenada para una tarea específica, como recomendaciones de voz o de productos.
24. Análisis Predictivo: Uso de datos, algoritmos estadísticos y técnicas de aprendizaje automático para identificar la probabilidad de resultados futuros basados en datos históricos.
25. Algoritmo Genético: Método de búsqueda inspirado en la teoría de la evolución natural.
26. Visión por Computadora: Campo de estudio que permite a las computadoras 'ver' e interpretar imágenes digitales y videos de la misma manera que lo haría un humano.
27. Reconocimiento de Voz: Tecnología que permite a las máquinas reconocer y responder a las instrucciones de voz.
28. Inteligencia de Negocios (BI): Conjunto de técnicas y herramientas para la transformación de datos brutos en información significativa para el análisis empresarial.
29. Aprendizaje Supervisado: Tipo de aprendizaje de máquina en el que el modelo se entrena en un conjunto de datos etiquetados.
30. Aprendizaje No Supervisado: Tipo de aprendizaje de máquina en el que el modelo se entrena en un conjunto de datos no etiquetados.
31. Aprendizaje por Refuerzo: Enfoque de aprendizaje de máquina en el que un agente aprende a comportarse en un entorno realizando ciertas acciones y observando los resultados.
32. Modelo de Negocio Digital: Modelo de negocio que utiliza tecnología para mejorar o reemplazar las operaciones comerciales tradicionales.
33. Algoritmo de Clustering: Técnica de aprendizaje automático no supervisado que agrupa un conjunto de datos de manera que los datos en el mismo grupo son más similares entre sí que los de otros grupos.
34. Ingeniería de Datos: Disciplina centrada en la gestión y organización de datos.
35. Inteligencia de Datos: El análisis y la interpretación de los datos para descubrir información valiosa y facilitar la toma de decisiones de negocios.
36. Automatización Robótica de Procesos (RPA): Uso de software con inteligencia artificial y capacidades de aprendizaje automático para manejar tareas repetitivas de alto volumen.
37. Cuarta Revolución Industrial: Término que se refiere a la actual y en desarrollo ambiente en el que tecnologías disruptivas y tendencias como el Internet de las Cosas, robótica, realidad virtual y la inteligencia artificial están cambiando la forma en que vivimos, trabajamos y nos relacionamos.
38. Infraestructura como Servicio (IaaS): Servicio de computación en la nube que proporciona infraestructura de TI virtualizada a través de internet.
39. Plataforma como Servicio (PaaS): Categoría de servicios de computación en la nube que proporciona una plataforma que permite a los clientes desarrollar, ejecutar y gestionar aplicaciones sin la complejidad de construir y mantener la infraestructura.
40. Software como Servicio (SaaS): Modelo de distribución de software en el que un proveedor de servicios aloja aplicaciones y las pone a disposición de los usuarios a través de Internet.

41. Redes Convolucionales (CNN): Tipo de red neuronal artificial avanzada que se utiliza principalmente para el procesamiento de imágenes.
42. Redes Recurrentes (RNN): Tipo de red neuronal artificial que es excelente para el procesamiento de secuencias de datos como el texto, el tiempo y el habla.
43. Servicios Web: Conjunto de protocolos y estándares utilizados para intercambiar datos entre aplicaciones o sistemas.
44. DevOps: Conjunto de prácticas que combina el desarrollo de software y las operaciones de TI con el objetivo de acortar el ciclo de vida del desarrollo de sistemas y proporcionar una entrega continua de software de alta calidad.
45. Microservicios: Arquitectura de desarrollo de software que estructura una aplicación como una colección de servicios que son altamente mantenibles y probables, y organizados alrededor de las capacidades de negocio.
46. Agilidad Empresarial: Capacidad de una organización para adaptarse rápidamente a los cambios del mercado, interna y externamente, y responder de manera flexible a las demandas del cliente mientras mantienen la calidad y la eficiencia del servicio.
47. Código Abierto: Tipo de diseño de software que hace que el código fuente esté disponible para el público para que cualquier persona pueda ver, modificar y distribuir el proyecto por cualquier motivo.
48. UX (Experiencia de Usuario): Proceso de creación de productos que proporcionan experiencias significativas y relevantes para los usuarios.
49. UI (Interfaz de Usuario): Espacio donde las interacciones entre humanos y máquinas ocurren, con el objetivo de facilitar el uso efectivo del producto o software.
50. Digitalización: Proceso de convertir información en un formato digital en el que los datos se organizan en unidades discretas de información (bits) que pueden ser utilizadas en el procesamiento informático.

Introducción

Bienvenidos a "El Camino Hacia el Futuro: Masterclass en Inteligencia Artificial y Transformación Digital". En este libro, nos embarcaremos juntos en un viaje de aprendizaje y descubrimiento, explorando los avances y las innovaciones que están moldeando nuestro mundo y definiendo nuestro futuro. Nuestro objetivo es proporcionar una guía educativa accesible y completa que revele los secretos y las oportunidades de la inteligencia artificial y la transformación digital, dos fuerzas que están cambiando nuestra forma de vivir, trabajar y comunicarnos.

La inteligencia artificial, o IA, se ha convertido en una parte integral de nuestras vidas diarias, desde asistentes virtuales que nos ayudan a organizar nuestra agenda hasta sistemas de recomendación que nos sugieren nuevas películas o productos. La transformación digital, por otro lado, abarca cómo las tecnologías digitales están redefiniendo los procesos empresariales, las estructuras organizativas y las experiencias de los clientes en un mundo cada vez más interconectado.

En este libro, comenzaremos examinando los fundamentos de la inteligencia artificial y la transformación digital, abordando conceptos clave y términos esenciales para que todos los lectores, independientemente de su nivel de experiencia, puedan comprender y seguir fácilmente el contenido. A continuación, analizaremos las aplicaciones prácticas y las implicaciones éticas de estas tecnologías, para que los lectores puedan tomar decisiones informadas y responsables en sus respectivos campos.

También exploraremos las técnicas y herramientas que impulsan los avances en IA y transformación digital, incluyendo el aprendizaje automático, las redes neuronales y los lenguajes de programación populares. A lo largo del libro, incluiremos ejemplos y casos de estudio que ilustren cómo estas innovaciones están impactando industrias, gobiernos y comunidades en todo el mundo.

Por último, miraremos hacia el futuro, discutiendo las tendencias emergentes y las proyecciones que podrían definir el panorama de la inteligencia artificial y la transformación digital en los próximos años. Nuestro enfoque es ofrecer una visión equilibrada y realista, destacando tanto los beneficios como los desafíos que estas tecnologías pueden presentar.

Nos complace que hayas decidido unirte a nosotros en este emocionante viaje de aprendizaje. Esperamos que este libro te brinde una base sólida y un entendimiento profundo de la inteligencia artificial y la transformación digital, y que te inspire a explorar aún más estos campos fascinantes y en constante evolución. ¡Comencemos!

Presentación del tema central

La inteligencia artificial, un subcampo de la informática, se dedica a la creación de sistemas y algoritmos que pueden aprender, razonar y tomar decisiones de manera similar a los seres humanos. Desde vehículos autónomos hasta diagnósticos médicos y sistemas de recomendación personalizados, la IA está revolucionando la forma en que interactuamos con la tecnología y el mundo que nos rodea.

La transformación digital, por otro lado, aborda cómo las empresas y organizaciones están adoptando e implementando tecnologías digitales para mejorar sus procesos, estrategias y experiencias de los clientes. Este fenómeno abarca no solo la implementación de la IA, sino también el uso de la nube, big data, Internet de las cosas (IoT) y otras tecnologías emergentes.

En esta masterclass, presentaremos una visión accesible y educativa de estos dos temas interrelacionados, con un enfoque en su impacto en nuestras vidas diarias y cómo podemos aprovechar estas tecnologías para impulsar el progreso y la innovación. Examinaremos tanto los beneficios como los desafíos asociados con la IA y la transformación digital, desde la eficiencia y la personalización hasta las preocupaciones éticas y de privacidad.

Nuestra intención es proporcionar una base sólida en estos temas para que todos los lectores, independientemente de su experiencia previa, puedan comprender y apreciar cómo la inteligencia artificial y la transformación digital están moldeando nuestro futuro. A lo largo del libro, nos esforzaremos por utilizar un lenguaje claro y accesible, ilustrando conceptos complejos con ejemplos concretos y casos de estudio relevantes.

Esperamos que este libro les ofrezca una visión enriquecedora y les ayude a navegar con éxito el camino hacia el futuro, empoderados por el conocimiento y la comprensión de la inteligencia artificial y la transformación digital.

Importancia de la inteligencia artificial y la transformación digital

La inteligencia artificial y la transformación digital han demostrado ser fuerzas impulsoras detrás de una amplia gama de avances y cambios en nuestra sociedad.

La inteligencia artificial (IA) y la transformación digital son fundamentales en el mundo contemporáneo por varias razones. La IA tiene la capacidad de procesar y analizar grandes cantidades de datos de manera más rápida y precisa que los humanos. Esto permite tomar decisiones más informadas y eficientes en una variedad de campos, desde la atención médica hasta la finanzas. Además, la IA puede automatizar tareas repetitivas y rutinarias, liberando a los humanos para que se centren en el trabajo creativo y estratégico.

Por otro lado, la transformación digital no es solo una cuestión de tecnología, sino que también implica un cambio cultural que requiere que las organizaciones desafíen continuamente el status quo, experimenten a menudo e incluso se sientan cómodas con el fracaso. Esto a veces puede parecer un viaje sin fin, pero es esencial para la supervivencia en el mundo moderno.

Cabe destacar que la IA y la transformación digital no son amenazas para los trabajos humanos en sí mismos. En cambio, son herramientas que pueden ser utilizadas para aumentar la eficiencia y la productividad. Aquí es donde entra en juego la educación y el aprendizaje constante. Para seguir siendo relevante en el mundo laboral moderno, es crucial adaptarse y aprender a utilizar estas nuevas herramientas. Recuerda, la IA no te quitará tu trabajo, pero alguien que sepa cómo utilizarla, podría hacerlo.

Objetivos del Libro

- Eficiencia y productividad: La IA y la transformación digital están mejorando la eficiencia y la productividad en numerosas industrias. Al automatizar tareas repetitivas y procesar grandes cantidades de datos en tiempo récord, estas tecnologías permiten a las empresas operar de manera más ágil y rentable. Esto libera tiempo y recursos para centrarse en tareas más creativas e innovadoras.

- Personalización y experiencia del cliente: La IA permite a las empresas ofrecer experiencias personalizadas y adaptadas a las necesidades y preferencias individuales de los clientes. Desde recomendaciones de productos hasta asistentes virtuales que entienden el contexto y las intenciones del usuario, la IA está transformando la forma en que las empresas interactúan y se comunican con sus clientes.

- Innovación y descubrimiento: La IA y la transformación digital han abierto nuevas puertas para la investigación y el descubrimiento en una variedad de campos, desde la medicina y la biotecnología hasta la energía y la sostenibilidad. Estas tecnologías están acelerando el proceso de innovación, ayudándonos a encontrar soluciones a problemas complejos y a enfrentar los desafíos globales de manera más eficaz.

- Inclusión y accesibilidad: La IA y la transformación digital están ayudando a romper barreras y a crear un mundo más inclusivo y accesible para todos. Por ejemplo, las tecnologías de reconocimiento de voz y traducción automática permiten a personas con discapacidades o barreras lingüísticas comunicarse y acceder a información de manera más fácil y efectiva.

- Cambio en el mercado laboral: Aunque la IA y la transformación digital pueden generar preocupaciones sobre la pérdida de empleos debido a la automatización, también están creando nuevas oportunidades y empleos en campos emergentes. Las habilidades y conocimientos relacionados con la IA y la transformación digital son cada vez más valiosos en el mercado laboral, lo que genera demanda de profesionales capacitados en estas áreas.

- Ética y responsabilidad: A medida que la IA y la transformación digital avanzan, también aumenta la necesidad de abordar cuestiones éticas y de responsabilidad. Estas tecnologías plantean desafíos en cuanto a la privacidad, la seguridad y la toma de decisiones justas y transparentes. Es crucial que desarrollemos marcos éticos y legales para guiar el uso responsable de la IA y garantizar que estas herramientas sean utilizadas para el beneficio de todos.

- Impacto ambiental: La IA y la transformación digital también están desempeñando un papel clave en la lucha contra el cambio climático y en la promoción de prácticas sostenibles. Mediante la optimización del uso de recursos, la mejora de la eficiencia energética y la adopción de tecnologías limpias, estas innovaciones están contribuyendo a reducir nuestra huella ambiental y a proteger nuestro planeta para las generaciones futuras.

- Educación y aprendizaje: La IA y la transformación digital están revolucionando la educación, ofreciendo acceso a recursos de aprendizaje personalizados y adaptativos para estudiantes de todo el mundo. Estas tecnologías también están ayudando a los educadores a identificar áreas de mejora y a proporcionar apoyo específico a los estudiantes que lo necesitan, mejorando la calidad y la equidad de la educación.

- Salud y bienestar: La IA está transformando la atención médica al permitir diagnósticos más rápidos y precisos, tratamientos personalizados y una mejor comprensión de las enfermedades y sus causas. La transformación digital también está facilitando el acceso a la atención médica en áreas remotas y mejorando la gestión y el seguimiento de la salud del paciente.

- Colaboración global: La IA y la transformación digital están facilitando la colaboración entre individuos, empresas e instituciones a nivel mundial. Estas tecnologías permiten compartir conocimientos, recursos e información de manera más rápida y efectiva, lo que ayuda a abordar problemas globales y a fomentar la cooperación y el entendimiento entre las naciones.

Estructura y contenido del libro

A continuación, presentamos un resumen de la estructura y el contenido del libro, que se divide en varias secciones clave para facilitar la comprensión y el aprendizaje.

1. Introducción
presenta el tema central del libro, enfatizando la importancia de la inteligencia artificial y la transformación digital en la actualidad. Se establecen los objetivos del libro y se proporciona una visión general de su estructura y contenido, preparando al lector para explorar los fundamentos, aplicaciones, tendencias y desafíos en ambos campos, así como las habilidades y competencias necesarias para tener éxito en proyectos relacionados.

2. Fundamentos de Inteligencia artificial
Los fundamentos de inteligencia artificial abordan la historia y evolución de la IA, sus conceptos clave y técnicas, así como las aplicaciones actuales y casos de éxito. El contenido se centra en el desarrollo de la IA desde sus inicios hasta las tecnologías actuales, proporcionando una base sólida en algoritmos, aprendizaje automático y enfoques relacionados. Además, se exploran ejemplos prácticos y logros significativos en diversos campos, mostrando el impacto y el potencial de la IA en la sociedad y la economía.

3. Fundamentos de transformación digital
Los fundamentos de transformación digital cubren la historia y evolución de la transformación digital, sus estrategias y herramientas, y su impacto en los negocios y la sociedad. El contenido se enfoca en cómo la tecnología ha cambiado y sigue cambiando la forma en que operan las empresas y cómo interactuamos con el mundo. Se presentan enfoques y

herramientas clave para impulsar la transformación digital y se analiza cómo estos cambios afectan a diferentes sectores, resaltando la importancia de adaptarse y mantenerse actualizado en el dinámico entorno digital actual.

4. Tecnologías y algoritmos clave de la inteligencia artificial

La sección de tecnologías y algoritmos clave de la inteligencia artificial se centra en los principales enfoques y técnicas utilizados en el campo de la IA. Entre ellos se incluyen el aprendizaje automático, el aprendizaje profundo, el procesamiento del lenguaje natural y la visión por computadora. Esta parte del libro proporciona una descripción general de los algoritmos más relevantes y cómo funcionan, además de ofrecer ejemplos prácticos de cómo se aplican en diferentes contextos. Al comprender estas tecnologías, los lectores pueden obtener una base sólida para aplicar la IA de manera efectiva.

5. Tecnologías emergentes y tendencias en IA y transformación digital

La sección de tecnologías emergentes y tendencias en IA y transformación digital aborda las innovaciones clave, desarrollos futuros y desafíos en estos campos. Se exploran avances recientes en IA, como el aprendizaje automático avanzado y la robótica, así como las tendencias en transformación digital, como el Internet de las cosas y la computación en la nube. Esta parte del libro identifica oportunidades y retos a los que se enfrentan empresas y profesionales, destacando la importancia de estar al tanto de las novedades y adaptarse a un entorno tecnológico en constante evolución.

6. Integración de inteligencia artificial y transformación digital

La sección de integración de inteligencia artificial y transformación digital examina cómo la IA impulsa y complementa la transformación digital. Se discuten modelos de negocio y estrategias de implementación que aprovechan la IA para optimizar procesos, mejorar la toma de decisiones y ofrecer soluciones innovadoras. Esta parte del libro resalta cómo combinar efectivamente la IA y la transformación digital permite a las organizaciones adaptarse al cambiante panorama tecnológico, mejorar su competitividad y garantizar un crecimiento sostenible en un mundo cada vez más digitalizado.

7. Masterclass

La Masterclass del libro se centra en el diseño y ejecución de proyectos de IA y transformación digital. Se abordan la identificación de oportunidades y la definición de objetivos, así como la planificación y gestión de proyectos en estas áreas. Además, se exploran la selección de tecnologías y herramientas adecuadas para garantizar el éxito del proyecto. Esta sección proporciona una guía práctica para abordar proyectos de IA y transformación digital, enfatizando la importancia de tener una estrategia sólida y emplear las mejores prácticas en la implementación de estas iniciativas.

8. La Masterclass también se enfoca en el desarrollo de habilidades y competencias esenciales para la inteligencia artificial y la transformación digital. Se abordan habilidades técnicas y no técnicas, así como la creación de equipos multidisciplinarios y la colaboración entre profesionales. Además, se destaca la importancia de la formación y el desarrollo profesional continuo en estos campos en rápida evolución. Esta sección ayuda a los lectores a identificar y cultivar las habilidades necesarias para tener éxito en la era digital y a mantenerse actualizados con las últimas tendencias y avances tecnológicos.

9. Creación de Negocios Rentables con Inteligencia Artificial: Paso a paso
Descubre cómo crear un modelo de negocios rentable con la ayuda de la inteligencia artificial (IA) en 8 pasos. Aprende a identificar

oportunidades de mercado, integrar IA en tu propuesta de valor, diseñar tu modelo de negocio, y desarrollar, lanzar y optimizar tus soluciones de IA para lograr el éxito en tu empresa.

10. Impulsa tu negocio con la Inteligencia Artificial: Paso a paso
Aprende a integrar la Inteligencia Artificial en tu negocio existente en 10 pasos. Descubre cómo identificar oportunidades, desarrollar soluciones personalizadas, medir el impacto y fomentar una cultura de innovación para impulsar la eficiencia, rentabilidad y satisfacción del cliente.

11. Guia de herramientas IA
Esta sección presenta una guía práctica para aplicar la inteligencia artificial en diversos nichos y campos, simplificando el proceso de selección e implementación de herramientas de IA adecuadas. La guía aborda cómo la IA se aplica en diferentes áreas, proporciona ejemplos concretos y sugiere herramientas relevantes. Incluye consejos y mejores prácticas para una implementación efectiva, ayudando a los lectores a aprovechar al máximo la inteligencia artificial y garantizar su éxito en el mundo digital.

12. Conclusión y proyecciones futuras
La Conclusión y proyecciones futuras del libro reflexionan sobre el futuro de la inteligencia artificial y la transformación digital, abordando desafíos y oportunidades a futuro. Se destaca la importancia de mantenerse actualizado y adaptarse a los cambios en estas áreas. Se invita a los lectores a continuar aprendiendo y aplicando los conocimientos adquiridos en su vida profesional y personal, enfatizando cómo la adaptación y el crecimiento continuo son esenciales en un mundo en constante evolución y cada vez más impulsado por la tecnología.

A lo largo del libro, nos esforzaremos por presentar la información de manera educativa y accesible, utilizando un lenguaje claro y fácil de entender. También incluiremos ejemplos prácticos, casos de estudio y recursos adicionales para ayudar a los lectores a profundizar en los temas y aplicar sus conocimientos en situaciones del mundo real.

Introducción a la Inteligencia Artificial y la Transformación Digital

La inteligencia artificial (IA) y la transformación digital son conceptos que han tomado protagonismo en el mundo moderno, impulsando cambios profundos en nuestra sociedad y en la forma en que vivimos y trabajamos. En esta sección, proporcionaremos una visión general de estos fenómenos y exploraremos los conceptos básicos, la historia y el contexto en el que han surgido.

La inteligencia artificial es un subcampo de la informática que se dedica al estudio y desarrollo de sistemas y algoritmos capaces de simular la inteligencia humana. La IA se centra en la creación de máquinas y programas de ordenador que puedan aprender, razonar, reconocer patrones, comprender el lenguaje natural y tomar decisiones de manera similar a como lo hacen los seres humanos.

La inteligencia artificial se remonta a la antigüedad, con mitos y leyendas de seres artificiales dotados de inteligencia y conciencia. Sin embargo, fue en el siglo XX cuando el campo de la IA comenzó a tomar forma como un área de estudio científico y tecnológico. A continuación, exploramos los hitos clave y las etapas históricas que han llevado a la IA a donde está hoy.

Precursores de la IA (1940-1955): En esta etapa temprana, los fundamentos teóricos de la IA fueron establecidos por matemáticos y filósofos como Alan Turing, quien propuso la máquina de Turing y el Test de Turing, y Claude Shannon, que desarrolló la teoría de la información. Estos avances en la comprensión de la computación y la representación de la información sentaron las bases para el desarrollo de la IA.

Fundación de la IA como campo de investigación (1956): El taller de verano en Dartmouth College, organizado por John McCarthy, Marvin Minsky, Nathaniel Rochester y Claude Shannon, marcó el nacimiento oficial de la IA como campo de estudio. Durante este evento, los participantes exploraron temas como el aprendizaje automático, la lógica y el razonamiento, y el procesamiento del lenguaje natural.

Enfoque en sistemas basados en reglas y lógica (1956-1974): Durante esta etapa, se produjeron avances significativos en la creación de sistemas basados en reglas y lógica, como el sistema de demostración teorema de Allen Newell y Herbert A. Simon, y el programa de ajedrez de McCarthy. Estos sistemas demostraron la capacidad de las máquinas para razonar y resolver problemas utilizando reglas y conocimientos previos.

La "travesía del desierto" (1974-1980): En este período, la IA experimentó una desaceleración en términos de progreso e inversión, debido en parte a la falta de avances significativos y a las limitaciones de la tecnología y los enfoques basados en reglas. La comunidad de investigadores se dio cuenta de que la creación de máquinas realmente inteligentes requeriría enfoques y técnicas más avanzadas.

El resurgimiento de la IA y el enfoque en el aprendizaje automático (1980-1990): Durante esta etapa, el interés y la inversión en la IA se reavivaron, y se produjeron avances en áreas como el aprendizaje automático, la minería de datos y las redes neuronales. La IA comenzó a alejarse de los enfoques basados en reglas y a centrarse en la capacidad de las máquinas para aprender y adaptarse a partir de datos y experiencias.

El auge de las redes neuronales y el aprendizaje profundo (1990-presente): Desde la década de 1990 hasta la actualidad, la IA ha experimentado un rápido crecimiento y avance, impulsado por mejoras en la capacidad de procesamiento, la disponibilidad de grandes conjuntos de datos y el desarrollo de algoritmos de aprendizaje profundo. Estos avances han llevado a la creación de sistemas de IA cada vez más sofisticados y capaces, como los asistentes virtuales, sistemas de reconocimiento de voz e imagen y vehículos autónomos.

IA en la era de la información y la transformación digital (2000-presente): La IA ha experimentado un crecimiento exponencial en su adopción y aplicación en diversos sectores, desde la medicina y la educación hasta la industria y el comercio. La combinación de la IA con otras tecnologías emergentes, como el Big Data, la computación en la nube y el Internet de las cosas (IoT), ha impulsado la transformación digital de empresas y organizaciones a nivel mundial.

El contexto en el que la IA y la transformación digital han surgido se ve impulsado por factores como el rápido avance tecnológico, la globalización y la creciente demanda de soluciones innovadoras para enfrentar desafíos complejos en áreas como la salud, la energía, el medio ambiente y la economía. A medida que la sociedad se vuelve más dependiente de la tecnología, la IA y la transformación digital se convierten en herramientas esenciales para impulsar el progreso y mejorar nuestras vidas.

La inteligencia artificial y la transformación digital en nuestra era actual, y su impacto en la sociedad es innegable por lo que debes conocer los conceptos clave y las técnicas que forman la base de la inteligencia artificial.

¿De qué manera opera la inteligencia artificial?

Para impulsar el aprendizaje, los sistemas de inteligencia artificial requieren la entrada constante de información.

La inteligencia artificial surge a partir de la combinación de tres elementos fundamentales:

Modelos de datos de alta calidad, que facilitan la clasificación, procesamiento y análisis de la información de manera precisa.

Acceso a una gran cantidad de datos en bruto.
Herramientas informáticas sólidas y asequibles que permitan el procesamiento eficiente y veloz de la información.

La unión de tecnologías avanzadas y algoritmos permite que los sistemas aprendan a través de la absorción, organización y análisis de información, de tal manera que puedan comprender, identificar y distinguir objetos, patrones, personas y reacciones de diversos tipos.
En relación a las tecnologías que respaldan el proceso y permiten que las máquinas adquieran la capacidad de razonamiento lógico, encontramos:

Aprendizaje automático (Machine Learning): El aprendizaje automático es un subcampo de la inteligencia artificial que se centra en el desarrollo de algoritmos y modelos matemáticos que permiten a las computadoras aprender y mejorar su desempeño en una tarea específica sin ser programadas explícitamente. Esto se logra a través de la identificación de patrones y relaciones en los datos de entrada.

Aprendizaje supervisado: En el aprendizaje supervisado, los algoritmos de aprendizaje automático se entrenan utilizando un conjunto de datos etiquetados, donde cada ejemplo de entrada se asocia con una salida conocida (etiqueta). El objetivo es encontrar una función que mapee las entradas a las salidas de manera óptima, de modo que pueda hacer predicciones precisas para datos no vistos previamente.

Aprendizaje no supervisado: A diferencia del aprendizaje supervisado, el aprendizaje no supervisado se basa en algoritmos que pueden identificar patrones y estructuras en conjuntos de datos no etiquetados. Técnicas comunes en este enfoque incluyen la agrupación (clustering) y la reducción de dimensionalidad.

Aprendizaje por refuerzo: El aprendizaje por refuerzo es un enfoque de IA en el que un agente aprende a tomar decisiones óptimas en un entorno mediante la interacción con él y la recepción de retroalimentación en forma de recompensas o castigos. El objetivo es aprender una política que maximice la recompensa acumulada a lo largo del tiempo.

Redes neuronales artificiales: Inspiradas en el funcionamiento del cerebro humano, las redes neuronales artificiales son sistemas de computación compuestos por unidades interconectadas llamadas neuronas artificiales. Estas redes pueden aprender a realizar tareas complejas mediante el ajuste de los pesos de las conexiones entre las neuronas durante el proceso de entrenamiento.

Deep Learning: El deep learning es un subcampo del aprendizaje automático que se centra en el uso de redes neuronales artificiales con múltiples capas ocultas, lo que permite a estas redes aprender representaciones jerárquicas de datos y extraer características de alto nivel. El deep learning ha sido especialmente exitoso en tareas de visión por computadora, procesamiento del lenguaje natural y reconocimiento de voz.

Aplicaciones actuales y casos de éxito

es fundamental abordar las aplicaciones actuales de la IA y destacar algunos casos de éxito para ilustrar cómo estas tecnologías están transformando diversos sectores y mejorando nuestras vidas. A continuación, se presentan algunas aplicaciones y ejemplos notables en diferentes industrias:

Medicina y atención médica: La inteligencia artificial ha sido aplicada en la medicina para mejorar la detección temprana y el diagnóstico de enfermedades, el desarrollo de tratamientos personalizados y la optimización de la atención al paciente. Por ejemplo, algoritmos de deep learning han demostrado ser efectivos en la detección de cáncer en imágenes médicas, mientras que los sistemas de IA pueden analizar grandes conjuntos de datos para identificar patrones y relaciones que puedan ser útiles en la investigación de tratamientos y curas.

Caso de éxito: DeepMind, una empresa de inteligencia artificial propiedad de Alphabet, desarrolló un algoritmo llamado AlphaFold que puede predecir la estructura tridimensional de las proteínas con una precisión sin precedentes. Esto tiene el potencial de acelerar la investigación biomédica y el descubrimiento de nuevos medicamentos.

Transporte y movilidad: La IA está transformando la industria del transporte a través del desarrollo de vehículos autónomos, la optimización de rutas y la gestión del tráfico. Los vehículos autónomos utilizan sensores y algoritmos de IA para navegar por su entorno, tomar decisiones y adaptarse a las condiciones del tráfico en tiempo real.

Caso de éxito: Waymo, una subsidiaria de Alphabet, ha estado desarrollando tecnología de vehículos autónomos y ha logrado avances significativos en la conducción autónoma, llevando a cabo pruebas en diferentes ciudades y acumulando millones de millas de experiencia.

Finanzas y banca: La inteligencia artificial ha encontrado aplicaciones en la industria financiera para el análisis de riesgos, la detección de fraudes, la administración de inversiones y la optimización de la atención al cliente. Los algoritmos de IA pueden analizar grandes volúmenes de datos financieros y transacciones para identificar anomalías y patrones sospechosos.

Caso de éxito: Ant Financial, una empresa de tecnología financiera en China, utiliza algoritmos de aprendizaje automático para evaluar el riesgo crediticio de los solicitantes de préstamos y ofrecer servicios financieros personalizados a millones de clientes.

Procesamiento del lenguaje natural y asistentes virtuales: La IA ha avanzado significativamente en el procesamiento del lenguaje natural, lo que ha llevado al desarrollo de asistentes virtuales y chatbots capaces de comprender y responder a preguntas en lenguaje natural, realizar tareas y proporcionar información relevante.

Caso de éxito: OpenAI, una organización de investigación en IA, desarrolló el modelo de lenguaje GPT-3, que ha demostrado habilidades sorprendentes para comprender y generar texto en lenguaje natural, lo que ha permitido la creación de aplicaciones y servicios que pueden interactuar de manera más efectiva con los usuarios.

Agricultura y medio ambiente: La IA se ha aplicado en la agricultura para mejorar la eficiencia, optimizar el uso de recursos y predecir factores ambientales que pueden afectar la producción. Los agricultores pueden utilizar sistemas de IA para analizar datos de sensores y satélites, lo que les permite tomar decisiones informadas sobre el riego, el uso de fertilizantes y el control de plagas.

Caso de éxito: Blue River Technology, una empresa adquirida por John Deere, desarrolló un sistema de IA llamado "See & Spray" que utiliza algoritmos de visión por computadora y aprendizaje automático para identificar y eliminar malezas en tiempo real, reduciendo significativamente el uso de herbicidas y mejorando la eficiencia en la agricultura.

Manufactura y automatización: La inteligencia artificial se ha integrado en la fabricación para mejorar la eficiencia y la calidad de la producción. Los sistemas de IA pueden monitorear y analizar datos de sensores en tiempo real para detectar anomalías, optimizar la logística y reducir el tiempo de inactividad de las máquinas.

Caso de éxito: Siemens utiliza algoritmos de aprendizaje automático en sus fábricas para optimizar la producción y reducir los defectos en sus productos. Al analizar datos de sensores y operaciones, la IA puede identificar áreas de mejora y adaptarse a las condiciones cambiantes del entorno de fabricación.

Estos ejemplos representan solo una pequeña muestra del impacto que la IA está teniendo en una amplia gama de sectores y aplicaciones.

Fundamentos de Transformación Digital

La historia y la evolución de este fenómeno que ha redefinido la forma en que las empresas y organizaciones operan y compiten en el mundo moderno.

La transformación digital se refiere al proceso de integración de tecnologías digitales en todos los aspectos de una empresa u organización, lo que resulta en cambios fundamentales en la forma en que opera y entrega valor a sus clientes. Aunque el término "transformación digital" ha ganado popularidad en la última década, sus raíces se remontan a la década de 1990 con el surgimiento de la era de la información y se divide en tres partes :

I. **Primeros años (1990-2000):** Durante la década de 1990, la creación y expansión de la World Wide Web y la creciente adopción de computadoras personales marcaron el comienzo de la era digital. Las empresas comenzaron a explorar el potencial de la digitalización para mejorar la eficiencia y llegar a nuevos mercados. La adopción temprana de tecnologías como el correo electrónico, las bases de datos y el comercio electrónico permitió a las organizaciones automatizar procesos, mejorar la comunicación y expandirse globalmente.

II. **Auge de la movilidad y las redes sociales (2000-2010):** Con la aparición de dispositivos móviles inteligentes y el auge de las redes sociales, la década de 2000 experimentó un cambio dramático en la forma en que las personas se comunicaban y consumían información. Las empresas comenzaron a adoptar tecnologías móviles y plataformas de redes sociales para interactuar con sus clientes y empleados de manera más efectiva. Esta década también vio el surgimiento de tecnologías en la nube y la adopción de soluciones de software como servicio (SaaS), lo que permitió a las organizaciones escalar rápidamente y adaptarse a las necesidades cambiantes del mercado.

III. **Era de la inteligencia artificial y el big data (2010-presente):** La última década ha sido testigo de un rápido avance en la inteligencia artificial, el aprendizaje automático y el análisis de big data. Estas tecnologías han permitido a las empresas obtener información valiosa de grandes volúmenes de datos, lo que les permite tomar decisiones informadas y mejorar la eficiencia operativa. La transformación digital en esta era se ha vuelto más centrada en el cliente, con una mayor atención en la personalización y la experiencia del usuario.

A medida que la transformación digital continúa evolucionando, es crucial que las empresas y organizaciones comprendan su historia y evolución, para que puedan adaptarse a las tendencias emergentes y aprovechar al máximo las oportunidades que ofrece la era digital. A lo largo de "El Camino Hacia el Futuro: Masterclass en Inteligencia Artificial y Transformación Digital", proporcionaremos una base sólida en la teoría y la práctica de la transformación digital, permitiendo a los lectores navegar con éxito en este mundo en constante cambio.

Estrategias y herramientas

es esencial abordar las estrategias y herramientas que las empresas y organizaciones pueden emplear para impulsar su transformación digital exitosamente.

La adopción de una estrategia de transformación digital adecuada es fundamental para garantizar que las organizaciones puedan adaptarse y prosperar en él entorno empresarial en constante evolución. Algunas de las estrategias clave que pueden ayudar a las empresas a abordar con éxito la transformación digital incluyen:

Establecer una visión y objetivos claros: Antes de embarcarse en la transformación digital, es crucial que las organizaciones definan una visión y objetivos claros para guiar sus esfuerzos. Esto permite a las empresas concentrarse en áreas de impacto prioritario y garantizar que todos los miembros de la organización estén alineados y comprometidos con el proceso.

Adoptar una mentalidad de innovación y experimentación: La transformación digital requiere una mentalidad de innovación y una disposición para experimentar con nuevas tecnologías y enfoques. Las organizaciones deben estar dispuestas a aprender de los fracasos y ajustar sus estrategias en función de los resultados y el feedback.

Fomentar la colaboración y la comunicación entre equipos: La transformación digital afecta a toda la organización y, por lo tanto, es esencial que todos los departamentos y equipos trabajen juntos de manera efectiva. La comunicación abierta y la colaboración entre equipos son fundamentales para garantizar que las estrategias de transformación digital se implementen de manera coherente y eficiente.

En cuanto a las herramientas, es vital que las empresas elijan las tecnologías y soluciones adecuadas que respalden sus objetivos y estrategias de transformación digital. Algunas de las herramientas y tecnologías clave que pueden facilitar la transformación digital incluyen:

Plataformas en la nube: La adopción de soluciones en la nube permite a las organizaciones acceder a una amplia gama de recursos y servicios informáticos sin la necesidad de invertir en infraestructura costosa. Las plataformas en la nube también ofrecen escalabilidad y flexibilidad, lo que permite a las empresas ajustar sus recursos según las necesidades del negocio.

Analítica y Big Data: Las herramientas de análisis y big data permiten a las organizaciones recopilar, almacenar y analizar grandes volúmenes de datos para obtener información valiosa y tomar decisiones informadas. Estas herramientas también pueden ayudar a las empresas a identificar tendencias y patrones emergentes, lo que les permite adaptarse y responder rápidamente a los cambios en el mercado.

Soluciones de inteligencia artificial y aprendizaje automático: La adopción de tecnologías de inteligencia artificial y aprendizaje automático puede ayudar a las organizaciones a automatizar procesos, mejorar la eficiencia operativa y ofrecer experiencias personalizadas a sus clientes.

Al combinar estrategias efectivas y herramientas adecuadas, las organizaciones pueden abordar con éxito los desafíos y oportunidades de la transformación digital, permitiéndoles prosperar en la era digital y mantenerse competitivas. Es importante aprender estrategias y herramientas para impulsar la transformación digital y aprovechar al máximo las oportunidades que ofrece la tecnología emergente.

Impacto en los negocios y en la sociedad

El proceso de transformación digital ha tenido un impacto significativo en los negocios y la sociedad en general. Al adoptar tecnologías digitales y repensar la forma en que operan, las empresas pueden mejorar su eficiencia, innovación y competitividad en el mercado global. Además, la transformación digital también ha cambiado la forma en que las personas interactúan con las empresas, creando nuevas expectativas en cuanto a la experiencia del cliente y la personalización de productos y servicios.

Entre los principales impactos de la transformación digital en los negocios y la sociedad, podemos mencionar:

- Cambio en las estructuras y procesos organizativos: La transformación digital ha llevado a las empresas a repensar y rediseñar sus estructuras organizativas y procesos internos, permitiendo una mayor agilidad y adaptabilidad en un entorno empresarial en constante cambio.

- Nuevas oportunidades de mercado y modelos de negocio: La adopción de tecnologías digitales ha permitido a las empresas explorar nuevos mercados y desarrollar modelos de negocio innovadores, ofreciendo productos y servicios personalizados y mejorando la experiencia del cliente.

- Aumento de la eficiencia y la productividad: La automatización y la optimización de procesos a través de la transformación digital han permitido a las empresas mejorar su eficiencia y productividad, lo que se traduce en costos reducidos y mayores márgenes de beneficio.

- Cambios en la fuerza laboral y las habilidades requeridas: La transformación digital ha llevado a cambios en la demanda de habilidades y competencias en la fuerza laboral. Las empresas buscan cada vez más empleados con habilidades técnicas y digitales, así como habilidades blandas como la capacidad para adaptarse al cambio y colaborar en entornos multidisciplinarios.

- Impacto en la sociedad y el medio ambiente: La transformación digital también ha tenido un impacto en la sociedad y el medio ambiente, desde la mejora del acceso a la información y la educación hasta la reducción del consumo de recursos y la minimización del impacto ambiental de las operaciones comerciales.

Tecnologías emergentes y tendencias en IA y transformación digital

las innovaciones clave que están impulsando la evolución de la inteligencia artificial y la transformación digital están cambiando rápidamente el panorama tecnológico y empresarial, y su adopción temprana puede proporcionar una ventaja competitiva significativa. Algunas de las innovaciones clave en IA y transformación digital incluyen

Edge computing: El edge computing implica procesar y analizar datos cerca de la fuente de generación de datos, en lugar de depender exclusivamente de centros de datos centralizados. Esto permite una latencia más baja, una mayor eficiencia y una mejor protección de la privacidad. El edge computing es especialmente útil en aplicaciones que requieren respuestas en tiempo real, como la conducción autónoma y el Internet de las cosas (IoT).

Blockchain: La tecnología blockchain permite la creación de registros digitales seguros y descentralizados que pueden ser utilizados para realizar transacciones y compartir información de manera confiable. Su adopción puede mejorar la seguridad, la transparencia y la eficiencia en áreas como la cadena de suministro, la gestión de identidad y las finanzas.

Realidad aumentada (AR) y realidad virtual (VR): La realidad aumentada y la realidad virtual están transformando la forma en que interactuamos con el mundo digital y físico, permitiendo experiencias inmersivas y personalizadas. Estas tecnologías tienen aplicaciones en campos como la formación, el diseño, la atención médica y el marketing.

Tendencias y desarrollos futuros

Además de las innovaciones clave actuales, también es fundamental estar atentos a las tendencias y desarrollos futuros en inteligencia artificial y transformación digital. Algunas tendencias emergentes que podrían tener un impacto significativo en el futuro cercano incluyen:

IA explicable (Explainable AI): A medida que la inteligencia artificial se vuelve más sofisticada y se integra en una amplia gama de aplicaciones, aumenta la necesidad de comprender cómo funcionan los algoritmos y cómo toman decisiones. La IA explicable se enfoca en desarrollar técnicas y herramientas que permitan a los humanos comprender y confiar en los sistemas de IA.

Privacidad y seguridad en IA: La creciente adopción de tecnologías de IA y la recopilación de datos masivos plantean desafíos en términos de privacidad y seguridad. Las soluciones de privacidad y seguridad en

IA, como el aprendizaje federado y la encriptación homomórfica, podrían permitir un uso más seguro y responsable de los datos.

Automatización inteligente: La automatización inteligente combina la inteligencia artificial con la automatización de procesos para mejorar la eficiencia y la productividad en una amplia gama de sectores. La automatización inteligente puede incluir la automatización de procesos robóticos (RPA), la automatización de procesos de negocio (BPA) y la automatización del flujo de trabajo.

Retos y oportunidades

La rápida evolución de la inteligencia artificial y la transformación digital presenta tanto retos como oportunidades para las empresas y la sociedad en general. Algunos de los desafíos clave incluyen la adaptación al cambio tecnológico, la necesidad de desarrollar nuevas habilidades y competencias, y la gestión de cuestiones éticas y de privacidad. Sin embargo, también hay numerosas oportunidades para mejorar la eficiencia, la innovación y la competitividad mediante la adopción e integración de estas tecnologías emergentes.

Integración de inteligencia artificial y transformación digital

Cómo la inteligencia artificial impulsa la transformación digital

La inteligencia artificial es un catalizador clave para la transformación digital, ya que permite a las empresas y organizaciones aprovechar los datos y la tecnología para mejorar la eficiencia, la innovación y la adaptabilidad. Algunos ejemplos de cómo la IA impulsa la transformación digital incluyen:

Automatización de procesos: La IA permite la automatización de tareas repetitivas y basadas en reglas, liberando tiempo y recursos para que los empleados se centren en actividades de mayor valor.

Análisis de datos y toma de decisiones: Los algoritmos de IA pueden analizar grandes volúmenes de datos, identificar patrones y extraer información valiosa, lo que permite a las empresas tomar decisiones informadas y basadas en datos.

Personalización y experiencia del cliente: La IA puede utilizarse para personalizar productos y servicios, así como para mejorar la experiencia del cliente a través de la recomendación, el soporte y la interacción en tiempo real.

Modelo de negocios y estrategias de implementación

La adopción e integración de la inteligencia artificial en la transformación digital requiere un enfoque estratégico y una comprensión clara de cómo la IA puede agregar valor a las operaciones comerciales y organizacionales. Algunos aspectos clave a considerar al desarrollar modelos de negocio y estrategias de implementación de IA incluyen:

Identificación de oportunidades y objetivos: Las empresas deben evaluar cómo la inteligencia artificial puede ayudar a abordar los desafíos y aprovechar las oportunidades en su industria y contexto específicos.

Desarrollo de capacidades y competencias: La adopción exitosa de la IA requiere desarrollar habilidades y competencias tanto técnicas como no técnicas, incluida la capacidad de gestionar y analizar datos, comprender algoritmos y colaborar en entornos multidisciplinarios.
Evaluación y mitigación de riesgos: Las empresas deben considerar los riesgos asociados con la adopción de la inteligencia artificial, incluidos los riesgos técnicos, éticos y legales, y desarrollar estrategias para mitigar estos riesgos.

A continuación, profundizaremos en una **masterclass** que abordan como diseñar y ejecutar proyectos de IA y transformación digital, así como cómo desarrollar habilidades y competencias esenciales.

Masterclass

Aplicaciones prácticas de la IA:

Asistentes virtuales y chatbots:

Los asistentes virtuales como Siri, Alexa y Google Assistant han cambiado la forma en que interactuamos con la tecnología, permitiendo a los usuarios obtener información y realizar tareas usando comandos de voz. Estos asistentes utilizan tecnologías de procesamiento del lenguaje natural y aprendizaje automático para comprender y responder a las solicitudes de los usuarios. Entre las aplicaciones comunes de los asistentes virtuales se encuentran:

Búsquedas en internet y respuestas a preguntas generales.

Gestión de tareas personales, como configurar alarmas, recordatorios y eventos en el calendario.

Control de dispositivos domésticos inteligentes, como termostatos, luces y electrodomésticos.

Reproducción de música, podcasts y audiolibros.

Navegación GPS y actualizaciones de tráfico en tiempo real.

Realización de llamadas telefónicas y envío de mensajes de texto.

Los chatbots, por otro lado, han revolucionado la atención al cliente al automatizar conversaciones y proporcionar soporte en tiempo real a través de aplicaciones de mensajería y sitios web. Los chatbots también emplean procesamiento del lenguaje natural y aprendizaje automático para entender y responder a las consultas de los usuarios. Algunas de las aplicaciones prácticas de los chatbots incluyen:

Atención al cliente 24/7: Los chatbots pueden manejar consultas básicas de los clientes, proporcionando respuestas rápidas y precisas en cualquier momento del día.

Automatización de procesos de ventas y marketing: Los chatbots pueden guiar a los clientes a través de procesos de compra, proporcionar información sobre productos y

servicios, y recopilar datos de los clientes para fines de marketing.

Gestión de reservas y citas: Los chatbots pueden simplificar el proceso de reserva de citas, habitaciones de hotel, vuelos y otros servicios, proporcionando a los usuarios opciones y confirmaciones en tiempo real.

Soporte técnico y solución de problemas: Los chatbots pueden ayudar a los usuarios a resolver problemas técnicos comunes, ofreciendo instrucciones paso a paso y enlaces a recursos útiles.

Integración con plataformas de mensajería populares: Los chatbots pueden integrarse con aplicaciones de mensajería como WhatsApp, Facebook Messenger y Telegram, lo que permite a las empresas llegar a los clientes donde ya pasan tiempo.

El uso de asistentes virtuales y chatbots no solo mejora la experiencia del usuario al brindar un soporte rápido y eficiente, sino que también reduce la carga de trabajo y los costos para las empresas al automatizar tareas que normalmente requerirían personal humano. Es probable que veamos una mayor adopción de asistentes virtuales y chatbots en diversos sectores, con capacidades cada vez más avanzadas y personalizadas.

Automatización de procesos (RPA):

La Robotic Process Automation (RPA) es una aplicación práctica de la inteligencia artificial que utiliza software de IA para automatizar tareas repetitivas y basadas en reglas, lo que permite a las empresas aumentar su eficiencia y reducir costos. A diferencia de los enfoques tradicionales de automatización, la RPA es más flexible y escalable, ya que puede adaptarse a cambios en los procesos y requisitos sin la necesidad de una reprogramación extensa.

Características clave de la RPA:

No invasiva: La RPA se implementa en la capa de presentación de los sistemas existentes, lo que significa que no es necesario modificar la infraestructura de TI subyacente ni las aplicaciones empresariales.

Rápida implementación y adaptabilidad: Los robots de RPA pueden ser configurados y puestos en marcha en poco tiempo, lo que permite a las empresas comenzar a beneficiarse rápidamente de la automatización. Además, los robots pueden ser ajustados fácilmente para adaptarse a cambios en los procesos o requisitos.

Facilidad de uso: La mayoría de las soluciones de RPA ofrecen interfaces gráficas de usuario que facilitan la creación y configuración de robots, incluso para aquellos sin experiencia en programación.

Aplicaciones prácticas de la RPA:

Entrada de datos: La RPA puede automatizar la entrada de datos en sistemas y aplicaciones, eliminando errores humanos y liberando a los empleados para que se concentren en tareas más estratégicas y de mayor valor agregado.

Generación de informes y análisis: Los robots de RPA pueden recopilar y procesar datos de diversas fuentes para generar informes, brindando a las empresas una visión más rápida y precisa de su rendimiento y ayudando en la toma de decisiones.

Conciliación de cuentas: La RPA puede simplificar y agilizar procesos de conciliación de cuentas, como la comparación de facturas y registros de transacciones, lo que mejora la precisión y reduce el tiempo necesario para completar estas tareas.

Gestión de recursos humanos: La RPA puede automatizar procesos de recursos humanos como la incorporación de nuevos empleados, la gestión de nóminas y la administración de beneficios, lo que permite a los departamentos de RRHH centrarse en la atracción y retención de talento.

Cumplimiento normativo: Los robots de RPA pueden ayudar a las empresas a garantizar el cumplimiento de las regulaciones al monitorear y auditar las actividades, identificar posibles riesgos y mantener registros precisos.

Al utilizar la RPA para automatizar tareas que son repetitivas, basadas en reglas y propensas a errores humanos, las empresas pueden mejorar significativamente su eficiencia operativa, reducir costos y liberar a sus empleados para que se concentren en actividades más valiosas y gratificantes.

Reconocimiento de imágenes y visión artificial:

El reconocimiento de imágenes y la visión artificial son campos en rápido crecimiento dentro de la inteligencia artificial, que permiten a las máquinas "ver" e interpretar imágenes y vídeos mediante algoritmos de reconocimiento de imágenes. Estas tecnologías aprovechan el aprendizaje profundo y las redes neuronales convolucionales para analizar y extraer información útil de los datos visuales, lo que ha llevado a una serie de aplicaciones prácticas en diversos sectores.

En el ámbito médico, el reconocimiento de imágenes y la visión artificial han demostrado un gran potencial para mejorar el diagnóstico y tratamiento de enfermedades. Los algoritmos de IA pueden analizar imágenes médicas, como radiografías, resonancias magnéticas y tomografías computarizadas, para identificar anomalías y patrones que podrían indicar la presencia de una enfermedad. Esto puede ayudar a los médicos a detectar condiciones de manera temprana y precisa, lo que a su vez puede mejorar los resultados del tratamiento y reducir costos.

La vigilancia y la seguridad también han experimentado mejoras gracias al reconocimiento de imágenes y la visión artificial. Los sistemas de videovigilancia inteligentes pueden analizar imágenes y vídeos en tiempo real para detectar actividades sospechosas, lo que permite a las autoridades responder rápidamente a posibles amenazas. Además, el reconocimiento facial se ha vuelto una herramienta cada vez más común en la identificación y verificación de personas en aeropuertos, eventos públicos y otras instalaciones de alta seguridad.

En la industria, el reconocimiento de imágenes y la visión artificial están impulsando la automatización y la eficiencia en la producción y el control de calidad. Los sistemas de inspección visual pueden analizar productos y componentes para detectar defectos o inconsistencias que podrían afectar su funcionamiento y calidad. Esto ayuda a las empresas a garantizar que los productos que llegan al mercado cumplan con los estándares de calidad y reduce los costos asociados con devoluciones y reparaciones.

Los sistemas de navegación autónomos, como los vehículos autónomos y los drones, también se benefician del reconocimiento de imágenes y la visión artificial. Estos sistemas utilizan cámaras y sensores para capturar y analizar datos visuales del entorno, lo que les permite navegar de manera segura y eficiente, evitando obstáculos y tomando decisiones en tiempo real.

Esto no solo mejorará la eficiencia y la calidad en muchas áreas, sino que también abrirá nuevas oportunidades y desafíos en la forma en que interactuamos con el mundo que nos rodea.

Procesamiento del lenguaje natural (NLP):

El procesamiento del lenguaje natural (NLP) es un área fundamental de la inteligencia artificial que permite a las máquinas entender e interactuar con el lenguaje humano, tanto en su forma escrita como hablada. Utilizando algoritmos avanzados, el NLP analiza y procesa texto y voz, permitiendo a las máquinas extraer información relevante, comprender el contexto y generar respuestas adecuadas.

Una de las aplicaciones más conocidas del NLP es la traducción automática. Los sistemas de traducción, como Google Translate, han experimentado avances significativos en los últimos años, permitiendo traducciones más precisas y naturales entre diversos idiomas. Esto ha facilitado la comunicación global y la colaboración entre personas de diferentes países y culturas.

El análisis de sentimiento es otra aplicación práctica del NLP que tiene un impacto considerable en el mundo empresarial y de marketing. Al analizar textos en redes sociales, blogs, reseñas de productos y otros medios, el análisis de sentimiento permite a las empresas comprender las opiniones y emociones de los clientes hacia sus productos, servicios y marca en general. Esto puede ayudar a las empresas a identificar áreas de mejora y a desarrollar estrategias de marketing y comunicación más efectivas.

El resumen automático de textos es otra aplicación útil del NLP que facilita la gestión de grandes volúmenes de información. Algoritmos de NLP pueden analizar y condensar textos largos, extrayendo los puntos clave y generando resúmenes concisos y relevantes. Esto es especialmente valioso en campos como la investigación académica y la inteligencia empresarial, donde el acceso rápido y preciso a la información es esencial.

La generación de contenido es otra área en la que el NLP está teniendo un impacto significativo. Algoritmos como GPT-3 pueden generar automáticamente textos coherentes y bien estructurados en base a palabras clave o temas específicos. Esto puede ser útil para generar descripciones de productos, artículos de noticias, publicaciones en redes sociales y otros tipos de contenido en poco tiempo y con menor esfuerzo humano.

El NLP no solo está cambiando la forma en que las máquinas interactúan con el lenguaje humano, sino que también está impulsando la innovación y la eficiencia en numerosas áreas que dependen del análisis y la generación de texto y voz.

Sistemas de recomendación:

Los sistemas de recomendación son una aplicación esencial de la inteligencia artificial en la era digital, utilizada para proporcionar recomendaciones personalizadas y mejorar la experiencia del usuario en diversos contextos. Estos sistemas emplean algoritmos de IA que analizan datos de usuarios y productos, identificando patrones y preferencias para ofrecer sugerencias relevantes y adecuadas.

En plataformas de comercio electrónico, los sistemas de recomendación juegan un papel crucial en la personalización de la experiencia de compra. Al analizar el historial de navegación y compra de los usuarios, junto con las características y calificaciones de los productos, estos sistemas pueden sugerir artículos que puedan ser de interés para el cliente. Esto no solo mejora la satisfacción del cliente, sino que también puede aumentar las ventas y el valor promedio del pedido.

Los servicios de streaming también se benefician enormemente de los sistemas de recomendación. Plataformas como Netflix, Spotify y YouTube utilizan algoritmos de IA para analizar el comportamiento de los usuarios, como las visualizaciones, las calificaciones y las interacciones, con el fin de ofrecer recomendaciones personalizadas de películas, series, música y videos. Esto ayuda a los usuarios a descubrir contenido que se ajuste a sus gustos y preferencias, mejorando la retención y el compromiso en la plataforma.

Las aplicaciones de redes sociales también emplean sistemas de recomendación para mejorar la experiencia del usuario y aumentar la interacción en la plataforma. Al analizar las conexiones, interacciones y preferencias de los usuarios, estos sistemas pueden sugerir amigos, grupos, páginas y contenido que puedan ser relevantes e interesantes para el usuario. Esto no solo facilita la creación de conexiones significativas, sino que también aumenta el tiempo que los usuarios pasan en la plataforma.

A medida que los algoritmos de IA y la capacidad de análisis de datos continúen mejorando, es probable que los sistemas de recomendación se vuelvan aún más precisos y efectivos en ofrecer sugerencias personalizadas. Esto no solo mejorará la experiencia del usuario en una amplia gama de plataformas y servicios, sino que también abrirá nuevas oportunidades para la personalización y la segmentación en marketing y publicidad.

Vehículos autónomos y robótica:

La inteligencia artificial es un componente clave en el desarrollo de vehículos autónomos y robots, permitiendo a las máquinas aprender y adaptarse a su entorno con el fin de mejorar su rendimiento y capacidad para realizar tareas complejas. Esta área de la IA está en constante evolución, y sus aplicaciones prácticas están transformando la forma en que vivimos y trabajamos.

En el ámbito de los vehículos autónomos, la IA se utiliza para desarrollar sistemas de conducción autónoma que pueden navegar de forma segura y eficiente en entornos urbanos y rurales. Estos sistemas integran una variedad de sensores y cámaras para capturar información en tiempo real sobre el entorno, y utilizan algoritmos de aprendizaje profundo para analizar estos datos y tomar decisiones en tiempo real. Esto incluye acelerar, frenar, cambiar de carril y evitar obstáculos, lo que permite a los vehículos autónomos operar de manera segura y eficiente en las carreteras.

La robótica es otro campo en el que la IA está impulsando avances significativos. Los robots industriales han sido utilizados durante décadas para automatizar tareas repetitivas y de alta precisión en la producción y el ensamblaje. Sin embargo, con la introducción de la IA, estos robots pueden aprender y adaptarse a diferentes tareas y entornos, lo que les permite ser más versátiles y eficientes. Esto es especialmente útil en la fabricación personalizada y en entornos donde los procesos y los requisitos cambian con frecuencia.

Además de los robots industriales, la IA también está impulsando el desarrollo de robots de servicio y asistencia. Estos robots, diseñados para interactuar y colaborar con humanos, están siendo utilizados en una variedad de entornos, como hospitales, hoteles y hogares. Algunos ejemplos incluyen robots que pueden asistir a personas con movilidad limitada, realizar tareas de limpieza y mantenimiento, y proporcionar información y orientación a los visitantes.

A medida que la tecnología de IA y robótica continúe avanzando, es probable que veamos una mayor adopción y aplicaciones prácticas en diversos sectores y contextos. Esto no solo mejorará la eficiencia y la productividad en muchas áreas, sino que también abrirá nuevas oportunidades y desafíos en la forma en que interactuamos con el mundo que nos rodea y cómo las máquinas pueden enriquecer y mejorar nuestras vidas.

Análisis de datos y toma de decisiones:

La inteligencia artificial desempeña un papel fundamental en el análisis de datos y la toma de decisiones, permitiendo a las empresas procesar y analizar grandes volúmenes de datos con mayor rapidez y precisión que los métodos tradicionales. La capacidad de la IA para identificar patrones y tendencias ocultos, predecir resultados y proporcionar información valiosa es de gran importancia en la era actual de la información.

Una de las aplicaciones clave de la IA en el análisis de datos es el análisis de riesgos. Las empresas en sectores como el financiero y el asegurador utilizan algoritmos de IA para evaluar el riesgo asociado con diferentes inversiones, préstamos, pólizas de seguro y otras transacciones. Estos algoritmos pueden analizar una amplia variedad de datos, incluyendo historiales crediticios, estadísticas de siniestros y datos demográficos, para generar evaluaciones de riesgo más precisas y personalizadas.

La detección de fraudes es otra área en la que la IA está teniendo un impacto significativo. Los sistemas de IA pueden analizar grandes volúmenes de transacciones y datos en tiempo real para identificar actividades sospechosas y patrones de fraude. Esto permite a las empresas detectar y prevenir el fraude de manera más rápida y eficiente, protegiendo a los clientes y reduciendo las pérdidas financieras.

La optimización de operaciones es otra aplicación práctica de la IA en el análisis de datos y la toma de decisiones. Las empresas pueden utilizar algoritmos de IA para analizar datos de producción, logística, ventas y otros aspectos de sus operaciones con el fin de identificar áreas de mejora y optimizar sus procesos. Esto puede incluir la optimización de la cadena de suministro, la gestión de inventario, la programación de la producción y la asignación de recursos, lo que permite a las empresas aumentar su eficiencia y rentabilidad.

Es probable que el papel de la IA en el análisis de datos y la toma de decisiones se vuelva aún más crítico en el futuro. Las empresas que adopten y utilicen eficazmente la IA para analizar datos y tomar decisiones informadas estarán en una posición ventajosa para enfrentar los desafíos y aprovechar las oportunidades en el entorno empresarial en constante evolución.

Aprendizaje profundo (Deep Learning):

El aprendizaje profundo es un subcampo del aprendizaje automático que ha revolucionado nuestra capacidad para abordar y resolver problemas complejos en diversos dominios. Utiliza redes neuronales artificiales, inspiradas en la estructura y función del cerebro humano, para modelar y aprender patrones y representaciones en los datos. Gracias a su éxito en una amplia gama de tareas, el aprendizaje profundo seguirá impulsando avances en áreas emergentes y en constante evolución.

En el reconocimiento de imágenes, el aprendizaje profundo ha permitido a las máquinas alcanzar niveles de precisión y rendimiento comparables a los humanos. Las redes neuronales convolucionales (CNN), una de las arquitecturas de aprendizaje profundo más populares, han demostrado ser extremadamente efectivas en la clasificación y segmentación de imágenes, así como en la detección de objetos. A medida que los algoritmos de aprendizaje profundo continúen mejorando, es probable que veamos aún más avances en la visión artificial, incluyendo la generación de imágenes y la síntesis de imágenes de alta calidad.

El procesamiento del lenguaje natural (NLP) es otro dominio en el que el aprendizaje profundo ha tenido un impacto significativo. Las redes neuronales recurrentes (RNN) y las arquitecturas de atención, como los Transformadores, han permitido a las máquinas comprender e interactuar con el lenguaje humano de manera más eficiente y efectiva. En el futuro, es probable que el aprendizaje profundo siga impulsando avances en tareas de NLP, como la generación de texto, la comprensión del lenguaje y la interacción humano-máquina más natural y fluida.

El aprendizaje profundo también ha demostrado ser exitoso en el ámbito de los juegos, donde los algoritmos de IA han superado a los humanos en juegos de estrategia complejos como Go, ajedrez y póker. Esto indica que el aprendizaje profundo tiene el potencial de abordar problemas aún más complejos y desafiantes en el futuro, lo que podría tener implicaciones en áreas como la toma de decisiones, la planificación y la solución de problemas en entornos dinámicos y cambiantes.

Transferencia de conocimiento (Transfer Learning):

La transferencia de conocimiento es una técnica de aprendizaje automático que ha ganado mucha atención en los últimos años debido a su capacidad para mejorar la eficiencia y la adaptabilidad de los modelos de IA. Al permitir que un modelo de inteligencia artificial aprenda de un dominio y aplique ese conocimiento a otro dominio relacionado, la transferencia de conocimiento reduce significativamente el tiempo y los datos necesarios para entrenar nuevos modelos, lo que es especialmente valioso en situaciones donde los datos etiquetados son escasos o costosos de obtener.

En lugar de entrenar un modelo desde cero, la transferencia de conocimiento permite a las empresas aprovechar modelos pre-entrenados, que ya han aprendido características y representaciones útiles de datos en un dominio específico, y adaptarlos a sus propias necesidades y problemas específicos. Esto no solo acelera el proceso de desarrollo y despliegue de modelos de IA, sino que también puede conducir a un mejor rendimiento y generalización en comparación con los modelos entrenados desde cero.

Es probable que veamos aplicaciones más amplias y diversas de esta técnica en diferentes campos y sectores. Por ejemplo, en el ámbito médico, los modelos de aprendizaje profundo pre-entrenados en imágenes médicas generales podrían ser adaptados rápidamente para detectar condiciones específicas en un nuevo conjunto de datos, acelerando el proceso de diagnóstico y tratamiento.

En el campo del procesamiento del lenguaje natural, la transferencia de conocimiento ha demostrado ser exitosa en la adaptación de modelos de lenguaje pre-entrenados, como GPT y BERT, para resolver tareas específicas como análisis de sentimiento, clasificación de texto y generación de resúmenes. A medida que los algoritmos de transferencia de conocimiento sigan mejorando, es probable que veamos un mayor impacto en la adaptabilidad y aplicabilidad de los modelos de IA en diferentes dominios y aplicaciones.

En resumen, la transferencia de conocimiento es una técnica poderosa que está cambiando la forma en que desarrollamos y desplegamos modelos de inteligencia artificial en el mundo real. Al aprovechar el conocimiento aprendido en un dominio y aplicarlo a otro, la transferencia de conocimiento está permitiendo a las empresas y organizaciones implementar soluciones de IA más rápidas, eficientes y adaptativas en una amplia gama de aplicaciones y sectores.

Redes generativas adversarias (GANs):

Las redes generativas adversarias (GANs) representan un enfoque innovador y poderoso en el aprendizaje profundo, que ha demostrado ser muy efectivo en la generación de contenido realista y de alta calidad. Las GANs consisten en dos redes neuronales, una generadora y otra discriminadora, que trabajan en conjunto a través de un proceso iterativo y competitivo. La red generadora crea muestras sintéticas a partir de datos de entrada aleatorios, mientras que la red discriminadora evalúa la autenticidad de estas muestras en comparación con los datos reales. A medida que el proceso continúa, la generadora mejora su capacidad para crear muestras más realistas, mientras que la discriminadora mejora su habilidad para detectar las diferencias entre muestras reales y sintéticas.

El potencial y las aplicaciones de las GANs son amplios y variados, abarcando desde la generación de imágenes, vídeos y sonidos realistas hasta la creación de contenidos digitales de alta calidad. A medida que la tecnología de GANs siga evolucionando, es probable que veamos un mayor impacto en campos como la creación de arte, el diseño gráfico y la publicidad, donde las GANs podrían utilizarse para generar imágenes y vídeos estilizados o personalizados según las preferencias y necesidades del usuario.

Las GANs también tienen un gran potencial en el ámbito de las simulaciones y aplicaciones de realidad virtual. Al generar entornos y escenarios realistas, las GANs podrían utilizarse para crear experiencias de entrenamiento y aprendizaje más inmersivas y efectivas, especialmente en áreas como la medicina, la arquitectura y la ingeniería, donde la práctica y la experimentación en entornos virtuales pueden ser valiosas para el desarrollo de habilidades y conocimientos.

Sin embargo, es importante tener en cuenta los desafíos éticos y de seguridad que pueden surgir con el uso de GANs. Por ejemplo, la generación de imágenes y vídeos falsos pero realistas, conocidos como "deepfakes", ha planteado preocupaciones sobre la desinformación y la manipulación de la percepción pública. A medida que las GANs sigan avanzando y sus aplicaciones se vuelvan más generalizadas, será crucial abordar estos desafíos y garantizar que esta tecnología se utilice de manera responsable y ética.

Las redes generativas adversarias (GANs) representan un enfoque prometedor y emocionante en el aprendizaje profundo, con aplicaciones en una amplia gama de campos y sectores. A medida que la tecnología de GANs continúe evolucionando veremos un impacto aún mayor en la generación de contenidos digitales, las simulaciones y las aplicaciones de realidad virtual, siempre que abordemos los desafíos éticos y de seguridad que puedan surgir.

IA explicable (Explainable AI):

La inteligencia artificial explicable (Explainable AI) es un enfoque emergente en el campo de la IA que busca desarrollar modelos y algoritmos capaces de proporcionar explicaciones comprensibles y justificables para sus decisiones y acciones. A medida que la IA se integra en más aspectos de nuestras vidas y negocios, la demanda de IA explicable está creciendo rápidamente, ya que es fundamental garantizar la transparencia, la responsabilidad y la confianza en las decisiones basadas en IA.

Una de las preocupaciones clave en torno al uso de algoritmos de IA en la toma de decisiones es que muchos de estos modelos, especialmente los basados en aprendizaje profundo, pueden ser considerados como "cajas negras" debido a la dificultad de interpretar y entender cómo llegan a sus conclusiones. Esto puede generar preocupaciones en términos de responsabilidad, equidad y sesgo en la toma de decisiones, especialmente en áreas como la medicina, el crédito y la contratación, donde las decisiones basadas en IA pueden tener un impacto significativo en la vida de las personas.

La IA explicable aborda estos desafíos al desarrollar métodos y técnicas que permiten a los usuarios comprender y rastrear cómo los algoritmos de IA llegan a sus conclusiones. Esto puede incluir la creación de modelos más interpretables, la visualización de las características y relaciones aprendidas por el modelo, o la generación de explicaciones basadas en reglas o ejemplos que describan el proceso de toma de decisiones del algoritmo.

Esto no solo permitirá a las empresas y organizaciones cumplir con las crecientes demandas regulatorias y legales en torno a la transparencia y la responsabilidad en la toma de decisiones basadas en IA, sino que también mejorará la confianza y la aceptación de estas tecnologías por parte de los usuarios y los interesados.

En conclusión, la inteligencia artificial explicable es un enfoque importante y necesario en el desarrollo y la implementación de soluciones de IA en el mundo real. Al proporcionar explicaciones comprensibles y justificables para las decisiones y acciones de los algoritmos de IA, la IA explicable está ayudando a garantizar la transparencia, la responsabilidad y la confianza en la adopción y el uso de estas tecnologías en una amplia gama de aplicaciones y sectores.

Edge computing y modelos de IA ligeros:

El edge computing es un enfoque de procesamiento de datos que consiste en llevar a cabo el análisis y procesamiento de la información en el borde de la red, cerca de la fuente de los datos, en lugar de enviarlos a centros de datos centralizados. Esta práctica permite una menor latencia en la comunicación de datos, un uso más eficiente de los recursos y la reducción de la carga en la infraestructura central de la red.

En el futuro, es probable que veamos un aumento en el uso de modelos de IA ligeros y optimizados para el edge computing. Estos modelos están diseñados para funcionar de manera eficiente en dispositivos con recursos limitados, como teléfonos móviles, dispositivos IoT y sistemas embebidos. Al implementar algoritmos de IA en estos dispositivos, se habilitan aplicaciones de IA en tiempo real y se mejoran las capacidades de análisis y toma de decisiones.

Un ejemplo de un modelo de IA ligero es MobileNet, una arquitectura de red neuronal convolucional diseñada para funcionar en dispositivos móviles y de bajo consumo. MobileNet es eficiente en términos de velocidad y tamaño, lo que lo convierte en una excelente opción para aplicaciones de visión por computadora en dispositivos móviles.

El uso de modelos de IA ligeros y edge computing también abre oportunidades para aplicaciones en áreas como la atención médica, donde los dispositivos portátiles pueden monitorear y analizar constantemente los datos de los pacientes y alertar a los profesionales de la salud si se detectan anomalías. Del mismo modo, en la industria del transporte, los vehículos autónomos pueden procesar datos de sensores y tomar decisiones de conducción de manera rápida y eficiente.

Además, en la gestión de ciudades inteligentes, los dispositivos IoT pueden recopilar y analizar datos ambientales y de tráfico en tiempo real, lo que permite a las autoridades tomar decisiones informadas para mejorar la calidad de vida en áreas urbanas.

El edge computing y los modelos de IA ligeros jugarán un papel crucial al permitir aplicaciones de IA en tiempo real en dispositivos con recursos limitados, estas tecnologías ayudarán a impulsar la adopción y el impacto de la IA en una amplia variedad de sectores y aplicaciones en el mundo real.

Ética e impacto social de la IA:

A medida que la inteligencia artificial se vuelve más omnipresente en nuestra vida cotidiana y en el mundo empresarial, es fundamental abordar y comprender el impacto social y ético que estas tecnologías pueden tener en nuestra sociedad. Los temas clave en este ámbito incluyen sesgos en los algoritmos de IA, privacidad de los datos, seguridad, empleo y responsabilidad legal.

Sesgos en los algoritmos de IA: Los algoritmos de IA, especialmente aquellos basados en aprendizaje automático, pueden aprender y perpetuar sesgos existentes en los datos de entrenamiento. Esto puede resultar en decisiones y acciones discriminatorias por parte de los sistemas de IA. En el futuro, es probable que veamos un mayor enfoque en la investigación y desarrollo de técnicas para abordar y mitigar estos sesgos, así como en la educación y capacitación en temas de ética y responsabilidad en el diseño y uso de sistemas de IA.

Privacidad de los datos: La IA a menudo requiere grandes cantidades de datos para aprender y mejorar su rendimiento. Esto plantea preocupaciones sobre la privacidad de los datos y cómo se recopilan, almacenan y utilizan estos datos. Es probable que en el futuro se establezcan marcos normativos y legales más rigurosos para proteger la privacidad de los datos y garantizar que las empresas y desarrolladores de IA utilicen los datos de manera responsable y transparente.

Seguridad: La IA puede ser utilizada tanto para fines benignos como maliciosos. Por ejemplo, los ciberdelincuentes pueden utilizar la IA para llevar a cabo ataques más sofisticados y difíciles de detectar. A medida que la IA avance, es crucial que se establezcan medidas de seguridad adecuadas para proteger los sistemas y datos críticos.

Empleo: La automatización de tareas y procesos mediante IA puede conducir a la pérdida de empleos en ciertos sectores, pero también puede generar nuevas oportunidades en áreas relacionadas con la inteligencia artificial y la tecnología. Es fundamental que se promueva la capacitación y la educación en habilidades relevantes para garantizar que las personas puedan adaptarse y prosperar en el cambiante panorama laboral.

Responsabilidad legal: A medida que la IA se vuelve más autónoma en sus decisiones y acciones, surge la pregunta de quién es legalmente responsable de las consecuencias de esas acciones. En el futuro, es probable que veamos un mayor enfoque en la creación de marcos legales que aborden la responsabilidad en el uso de sistemas de IA.

En el futuro, es probable que veamos un mayor enfoque en la creación de marcos éticos, regulaciones y políticas que aborden estos problemas y garanticen un desarrollo sostenible y responsable de la IA en nuestra sociedad.

El futuro de la IA

La IA en la Industria 4.0:

La Industria 4.0, también conocida como la cuarta revolución industrial, se caracteriza por la fusión de tecnologías digitales, físicas y biológicas en los procesos de producción y la cadena de suministro. La inteligencia artificial será fundamental en este nuevo panorama, permitiendo una mayor automatización, eficiencia y adaptabilidad en diversos aspectos industriales.

Uno de los elementos clave de la Industria 4.0 son los sistemas ciberfísicos, que combinan componentes de hardware y software para interactuar entre sí y con el entorno físico. Gracias a la IA, las empresas podrán monitorear y controlar sus procesos de producción en tiempo real, lo que aumentará la eficiencia y disminuirá los costos. Además, la inteligencia artificial también permitirá predecir y prevenir el mantenimiento de equipos y maquinaria, mejorando la confiabilidad y prolongando la vida útil de estos bienes.

En cuanto a la fabricación aditiva, más conocida como impresión 3D, la IA puede contribuir al desarrollo de la Industria 4.0 optimizando los diseños de productos y componentes, así como mejorando la calidad y el rendimiento de los materiales empleados en el proceso de impresión. La inteligencia artificial también facilitará la personalización y adaptación rápida a las demandas cambiantes del mercado.

La colaboración entre humanos y robots es otro aspecto crucial en el futuro de la IA en la Industria 4.0. Los robots colaborativos, o "cobots", están diseñados para trabajar de manera segura junto a los humanos en entornos productivos. La IA posibilita que estos cobots aprendan de sus interacciones con los humanos y se adapten a las necesidades específicas de cada tarea. Esto puede resultar en una mayor flexibilidad y eficiencia en la producción, ya que humanos y robots pueden complementarse y trabajar conjuntamente de manera eficaz.

La inteligencia artificial desempeñará un papel esencial en la Industria 4.0, impulsando la innovación, la eficiencia y la adaptabilidad en la producción y la cadena de suministro. La IA será una herramienta invaluable en áreas como sistemas ciberfísicos, fabricación aditiva y colaboración humano-robot, permitiendo a las empresas prosperar en esta nueva era industrial.

Integración de la IA en la vida cotidiana:

La inteligencia artificial continuará integrándose en nuestra vida cotidiana a medida que avancemos hacia el futuro. Veremos cómo la IA se vuelve más omnipresente en una variedad de aspectos de nuestras vidas, ofreciendo un mayor nivel de personalización, comodidad y eficiencia en nuestras actividades diarias.

En el hogar inteligente, la IA será cada vez más esencial para gestionar sistemas como la iluminación, la temperatura y la seguridad. Los algoritmos de IA podrán aprender de nuestras preferencias y ajustar automáticamente estos sistemas para adaptarse a nuestras necesidades y deseos. También veremos cómo los electrodomésticos se vuelven más inteligentes, optimizando su funcionamiento para reducir el consumo de energía y mejorar nuestra calidad de vida.

En el ámbito de la atención médica, la IA jugará un papel fundamental en el diagnóstico y tratamiento de enfermedades. Los algoritmos de inteligencia artificial podrán analizar imágenes médicas, como radiografías y resonancias magnéticas, para detectar condiciones médicas de manera más rápida y precisa que los profesionales humanos. Además, la IA también puede ser utilizada para el desarrollo de nuevos medicamentos, acelerando significativamente el proceso de investigación y descubrimiento.

Asimismo, la IA seguirá influyendo en la forma en que nos movemos y nos transportamos. Los vehículos autónomos se volverán más comunes, mejorando la seguridad en las carreteras y optimizando la eficiencia del tráfico. Los sistemas de navegación, impulsados por IA, también podrán predecir y evitar la congestión, ofreciendo rutas alternativas y ajustando los horarios de los sistemas de transporte público.

la inteligencia artificial se integrará cada vez más en nuestra vida cotidiana, transformando la forma en que vivimos, trabajamos y nos relacionamos con el mundo que nos rodea. Desde el hogar inteligente hasta la atención médica y la educación, la IA nos permitirá disfrutar de un mayor nivel de personalización, comodidad y eficiencia en nuestras actividades diarias.

(IA) tiene el potencial de cambiar nuestras vidas de maneras significativas, tanto positivas como negativas. Algunos de los beneficios y desafíos que enfrentamos en la actualidad y en el futuro debido a la creciente presencia de la IA en nuestra vida cotidiana.

Beneficios de la IA:
Mayor eficiencia y productividad: La IA puede automatizar una gran cantidad de tareas repetitivas y basadas en reglas, lo que permite a las empresas y a los individuos centrarse en actividades de mayor valor y creatividad. Esto puede aumentar la productividad y liberar tiempo para la innovación y el crecimiento.

Mejora de la atención médica: La IA tiene el potencial de revolucionar la atención médica mediante la mejora de la precisión en el diagnóstico, la predicción de enfermedades y el desarrollo de nuevos tratamientos. Esto puede conducir a una atención médica más efectiva y personalizada, lo que a su vez puede mejorar la calidad de vida y aumentar la esperanza de vida.

Innovaciones en la educación: La integración de la IA en la educación puede mejorar la experiencia de aprendizaje al proporcionar instrucción personalizada y adaptativa. Esto puede ayudar a los estudiantes a aprender de manera más eficiente y a los maestros a identificar y abordar las áreas en las que los estudiantes pueden estar luchando.

Solución de problemas globales: La IA puede utilizarse para abordar problemas globales, como el cambio climático y la pobreza. Por ejemplo, la IA puede ayudar a optimizar la producción y distribución de alimentos, mejorar la eficiencia energética y desarrollar soluciones sostenibles para la conservación del medio ambiente.

Desafíos y riesgos de la IA:

Desplazamiento laboral: A medida que la IA se vuelve más capaz de realizar tareas humanas, existe el riesgo de que muchos trabajadores sean desplazados por la automatización. Esto puede conducir a un aumento del desempleo y a la desigualdad económica si no se abordan adecuadamente las preocupaciones de la transición laboral y la capacitación.

Sesgo y discriminación: Los algoritmos de IA pueden perpetuar y amplificar los sesgos existentes en la sociedad si no se diseñan y evalúan cuidadosamente. Esto puede conducir a decisiones injustas y discriminatorias en áreas como la contratación, la atención médica y el acceso al crédito.

Privacidad y seguridad: La IA puede utilizarse para recopilar y analizar grandes cantidades de datos personales, lo que plantea preocupaciones sobre la privacidad y la seguridad. Los riesgos incluyen el acceso no autorizado a los datos, la vigilancia indebida y el uso indebido de la información personal.

Responsabilidad y ética: A medida que la IA se vuelve más autónoma y toma decisiones más complejas, surge la cuestión de quién es responsable de las acciones de la IA. Esto plantea desafíos legales y éticos sobre la atribución de responsabilidad y la toma de decisiones justas y transparentes.

IA y sostenibilidad:

La inteligencia artificial (IA) puede desempeñar un papel crucial en la promoción de la sostenibilidad y en la lucha contra el cambio climático. Su capacidad para analizar grandes cantidades de datos y realizar predicciones precisas puede utilizarse para enfrentar desafíos ambientales y sociales. En el futuro, podemos esperar un mayor enfoque en la aplicación de la IA en áreas relacionadas con la sostenibilidad.

Una de las aplicaciones clave de la IA en la sostenibilidad es mejorar la eficiencia energética. La IA puede utilizarse para optimizar el consumo de energía en edificios y hogares, ajustando automáticamente los sistemas de calefacción, ventilación y aire acondicionado en función de las condiciones ambientales y los patrones de uso. Además, la IA puede ayudar a gestionar las redes
eléctricas de manera más eficiente, equilibrando la oferta y la demanda de energía y facilitando la integración de fuentes de energía renovable.

La IA también puede desempeñar un papel importante en la optimización de la producción y distribución de alimentos y recursos. Puede utilizarse para monitorear y predecir las condiciones del suelo y del clima, lo que permite a los agricultores tomar decisiones informadas sobre cuándo sembrar, regar y cosechar. Además, la IA puede ayudar a reducir el desperdicio de alimentos mediante la optimización de la cadena de suministro y la predicción de la demanda.

La inteligencia artificial puede ser útil para predecir y mitigar los efectos del cambio climático. Los algoritmos de IA pueden analizar grandes conjuntos de datos climáticos y ambientales para identificar patrones y tendencias, lo que puede informar las políticas y estrategias de adaptación y mitigación. La IA también puede utilizarse para modelar escenarios de cambio climático y evaluar el impacto de diferentes medidas en las emisiones de gases de efecto invernadero y el medio ambiente.

Finalmente, la IA puede contribuir a la conservación de la biodiversidad y la protección de ecosistemas. Puede utilizarse para monitorear y analizar datos de la vida silvestre y del hábitat, lo que ayuda a los científicos y conservacionistas a identificar áreas críticas para la conservación y a evaluar el impacto de las actividades humanas en los ecosistemas.

Desarrollo de talento y educación en IA:

El desarrollo de talento y la educación en inteligencia artificial son esenciales para mantener el ritmo de crecimiento y las demandas del campo en constante evolución. A medida que la IA se integra en diversos sectores, la necesidad de profesionales capacitados en esta área seguirá creciendo. En consecuencia, veremos un mayor enfoque en la creación de programas educativos y oportunidades de capacitación en IA, diseñados tanto para estudiantes como para profesionales que buscan actualizar o mejorar sus habilidades.

Las instituciones educativas, desde escuelas secundarias hasta universidades, están comenzando a incorporar cursos de IA y aprendizaje automático en sus programas. Estos cursos abarcan desde conceptos básicos y fundamentos de la IA hasta aplicaciones avanzadas y éticas de la tecnología. Los programas de grado en IA y campos relacionados, como la ciencia de datos y la ingeniería de aprendizaje automático, también están aumentando en popularidad.

Además de los programas de grado tradicionales, las plataformas de aprendizaje en línea y los cursos masivos abiertos en línea (MOOC) ofrecen oportunidades para que las personas adquieran habilidades en IA sin comprometerse con un programa de grado completo. Estos cursos en línea, ofrecidos por universidades y organizaciones líderes en el campo, cubren una amplia gama de temas y niveles de habilidad, desde principiantes hasta expertos.

Las empresas también están invirtiendo en la capacitación de sus empleados en habilidades de IA, ya que reconocen el valor de contar con un equipo familiarizado con las últimas tendencias y tecnologías. Los programas de capacitación interna y las colaboraciones con instituciones educativas y proveedores de capacitación pueden ayudar a los empleados a adquirir habilidades en IA y aplicarlas en sus roles laborales.

El desarrollo de talento y la educación en inteligencia artificial serán fundamentales para satisfacer la creciente demanda de profesionales de la IA. A través de programas educativos, capacitación en línea y oportunidades de aprendizaje continuo, tanto estudiantes como profesionales podrán adquirir las habilidades necesarias para tener éxito en el campo de la IA y contribuir a su evolución y crecimiento en el futuro.

Cooperación entre humanos y máquinas:

La cooperación entre humanos y máquinas es un enfoque clave para maximizar el potencial de la inteligencia artificial y garantizar que la tecnología se utilice de manera efectiva y beneficiosa. En lugar de reemplazar completamente a los humanos en ciertas tareas, la IA puede mejorar y enriquecer las capacidades humanas, permitiendo que ambas partes trabajen juntas de manera sinérgica.

En el proceso de toma de decisiones, por ejemplo, la IA puede analizar rápidamente grandes volúmenes de datos y presentar información relevante y patrones ocultos a los tomadores de decisiones humanos. Los humanos, a su vez, pueden utilizar su conocimiento, intuición y experiencia para tomar decisiones informadas basadas en la información proporcionada por la IA. Esta colaboración puede mejorar la precisión y la eficiencia en la toma de decisiones en campos como la medicina, las finanzas y la gestión de recursos.

En cuanto a la creatividad, la inteligencia artificial puede ser utilizada como una herramienta para expandir y enriquecer el proceso creativo humano. La IA puede generar ideas, conceptos y diseños iniciales que los humanos pueden desarrollar y perfeccionar, utilizando su capacidad única para el pensamiento abstracto y la apreciación estética. Esto puede ser particularmente útil en áreas como el arte, la música, la arquitectura y el diseño de productos.

En lo que respecta a la resolución de problemas, la IA puede identificar posibles soluciones y optimizarlas de manera eficiente. Los humanos pueden entonces evaluar estas soluciones propuestas, considerando factores contextuales y éticos que las máquinas podrían pasar por alto. Juntos, humanos y máquinas pueden abordar desafíos complejos y multidimensionales de manera más efectiva y holística.

En última instancia, la cooperación entre humanos y máquinas es un enfoque prometedor para el futuro de la IA, que permite aprovechar las fortalezas de ambos y compensar las limitaciones. Al colaborar, humanos y máquinas pueden impulsar la innovación, mejorar la eficiencia y enriquecer nuestras vidas de maneras que no serían posibles por separado.

Retos y oportunidades en el desarrollo de la IA:

A medida que la inteligencia artificial continúa avanzando, se presentan tanto retos como oportunidades en su desarrollo y aplicación. Es crucial abordar estos desafíos para garantizar un progreso sostenible y responsable en el campo de la IA.

Privacidad de datos: La IA a menudo requiere grandes cantidades de datos para entrenar y mejorar los modelos. Esto plantea preocupaciones sobre la privacidad de los datos y cómo se recopilan, almacenan y utilizan.

Es necesario implementar políticas de privacidad sólidas y garantizar el cumplimiento de las regulaciones de protección de datos para proteger la privacidad del usuario.

Seguridad: La ciberseguridad es un área de creciente preocupación, especialmente cuando se trata de sistemas basados en IA. Los atacantes pueden intentar manipular, comprometer o acceder a sistemas de IA para fines maliciosos. La investigación y el desarrollo de medidas de seguridad sólidas son fundamentales para proteger estos sistemas y la información que almacenan.

Ética y responsabilidad: El desarrollo y la implementación de IA deben abordar cuestiones éticas, como sesgos en algoritmos, equidad y transparencia en la toma de decisiones automatizadas. Además, es importante establecer líneas claras de responsabilidad legal en caso de que los sistemas de IA causen daños o realicen acciones no deseadas.

Cambio en las demandas laborales: La IA tiene el potencial de cambiar significativamente el panorama laboral, ya que algunas tareas pueden ser automatizadas, mientras que otras requieren nuevas habilidades y competencias. La educación y la capacitación en IA serán cruciales para garantizar que los trabajadores puedan adaptarse a estas nuevas demandas y no se queden atrás.

Adopción y adaptación social: La aceptación y adaptación de la IA en la sociedad es un desafío continuo. Los usuarios y las comunidades deben estar informados y preparados para interactuar y trabajar junto con las tecnologías de IA. Además, se debe fomentar la participación pública en el debate sobre la dirección y el impacto del desarrollo de la IA.

Las oportunidades en el desarrollo de la IA incluyen una mayor eficiencia en la industria, la medicina, la educación y la investigación científica, así como la creación de soluciones innovadoras para abordar problemas globales como el cambio climático y la desigualdad. Al enfrentar los desafíos mencionados y aprovechar las oportunidades, podemos garantizar un futuro en el que la IA desempeñe un papel positivo en nuestras vidas y en la sociedad en general.

Casos de éxito en la aplicación de IA en el mundo real:

Descripción de proyectos y soluciones exitosas en diferentes sectores (salud, finanzas, logística, energía, etc.):

- Detección temprana de enfermedades utilizando IA en imágenes médicas.
- Prevención de fraudes en servicios financieros mediante análisis de datos y aprendizaje automático.
- Optimización de rutas y gestión de flotas en logística mediante IA y análisis predictivo.
- Monitorización y control de redes eléctricas mediante IA para mejorar la eficiencia y reducir las pérdidas de energía.

Lecciones aprendidas y mejores prácticas:

A lo largo del desarrollo y la implementación de la inteligencia artificial, se han identificado varias lecciones importantes y mejores prácticas que pueden guiar a profesionales y organizaciones en el futuro.

Importancia de la colaboración entre expertos en IA y profesionales del dominio: La colaboración entre los expertos en IA y los profesionales del dominio es crucial para garantizar que los sistemas de IA sean efectivos y relevantes. Al combinar la experiencia en el dominio con el conocimiento técnico en IA, se pueden desarrollar soluciones más precisas y útiles que aborden problemas específicos y satisfagan las necesidades del usuario final. Estas colaboraciones también facilitan la comunicación y la comprensión mutua, lo que lleva a una mayor aceptación de la IA en diversos campos.

Necesidad de una gestión adecuada de datos y la eliminación de sesgos: La calidad y la representatividad de los datos utilizados para entrenar sistemas de IA son fundamentales para garantizar resultados justos y precisos. Una gestión adecuada de datos implica recopilar, almacenar y procesar datos de manera ética y segura. Además, es esencial abordar y eliminar sesgos en los datos y en los algoritmos de IA para garantizar que los sistemas sean justos y no perpetúen discriminaciones existentes. Esto puede lograrse mediante la revisión de conjuntos de datos, la aplicación de técnicas de aprendizaje automático imparciales y la evaluación constante del rendimiento del sistema.

La importancia de la adaptabilidad y la capacidad de aprender de los errores: La IA es un campo en constante evolución, lo que significa que tanto los desarrolladores como los usuarios de sistemas de IA deben ser adaptables y estar dispuestos a aprender de los errores. Al adoptar un enfoque iterativo y basado en el aprendizaje, los equipos pueden mejorar continuamente los sistemas de IA, abordar problemas emergentes y adaptarse a las cambiantes necesidades y expectativas de la sociedad. La retroalimentación y el monitoreo constante del rendimiento del sistema, así como la incorporación de lecciones aprendidas en el diseño y la implementación futuros, son fundamentales para garantizar la mejora continua y el éxito a largo plazo en el campo de la IA.

Desafíos y obstáculos enfrentados durante la implementación:

A lo largo de la implementación de soluciones de IA, las organizaciones pueden enfrentar varios desafíos y obstáculos. Abordar estos problemas de manera efectiva es fundamental para garantizar una adopción exitosa y sostenible de la IA:

• Integración de soluciones de IA con sistemas y procesos existentes: Uno de los principales desafíos en la implementación de la IA es la integración de las soluciones de IA en los sistemas y procesos existentes. Esto puede requerir cambios en la infraestructura de TI, la adopción de nuevas tecnologías y la reconfiguración de procesos de negocio. Para superar este desafío, las organizaciones deben desarrollar un enfoque integral y bien planificado que considere la compatibilidad, la escalabilidad y la interoperabilidad de las soluciones de IA. También es crucial involucrar a todas las partes interesadas relevantes en el proceso de integración para garantizar una adopción exitosa y una colaboración efectiva.

- Resistencia al cambio y preocupaciones sobre el impacto en el empleo: La adopción de la IA a menudo conlleva cambios significativos en la forma en que las organizaciones operan y en las habilidades requeridas por los empleados. Esto puede generar resistencia al cambio y preocupaciones sobre el impacto en el empleo. Para abordar estos problemas, las organizaciones deben comunicarse de manera abierta y transparente sobre los objetivos y beneficios de la IA, así como proporcionar capacitación y apoyo para ayudar a los empleados a adaptarse a las nuevas tecnologías. Además, enfocarse en la colaboración entre humanos y máquinas, en lugar de la sustitución, puede ayudar a aliviar las preocupaciones y promover una mayor aceptación de la IA.

- Dificultades en la medición y evaluación del impacto y el ROI de las soluciones de IA: Medir y evaluar el impacto y el retorno de la inversión (ROI) de las soluciones de IA puede ser un desafío, especialmente dada la naturaleza a menudo intangible de los beneficios y la complejidad de los sistemas de IA. Para abordar este desafío, las organizaciones deben establecer métricas claras y relevantes que reflejen los objetivos específicos de la implementación de la IA. También es importante realizar un seguimiento y monitoreo constante del rendimiento del sistema y ajustar las estrategias según sea necesario para garantizar el éxito a largo plazo. Además, las organizaciones pueden considerar la realización de análisis de costo-beneficio y estudios de caso para proporcionar evidencia cuantitativa y cualitativa del impacto y el ROI de las soluciones de IA.

Consejos y recomendaciones para implementar la IA

Identificación de oportunidades de aplicación de la IA:

Para aprovechar al máximo la IA y garantizar una implementación exitosa, es fundamental identificar y evaluar adecuadamente las oportunidades de aplicación de la IA. A continuación, se presentan algunas recomendaciones para abordar este proceso:

Evaluar áreas donde la IA puede agregar valor y resolver problemas específicos: Antes de implementar soluciones de IA, las organizaciones deben realizar un análisis exhaustivo de sus operaciones y procesos para identificar áreas donde la IA puede agregar valor y resolver problemas específicos. Esto puede incluir la identificación de tareas que son repetitivas, que requieren una gran cantidad de tiempo o que son propensas a errores humanos. También puede ser útil examinar áreas donde la IA ha demostrado éxito en industrias similares o aplicaciones relacionadas.

Priorizar proyectos según su impacto, viabilidad y alineación con los objetivos de la organización: Una vez identificadas las oportunidades de aplicación de la IA, es esencial priorizar los proyectos según su impacto potencial en la organización, su viabilidad técnica y financiera, y su alineación con los objetivos y la estrategia de la organización. Esto garantizará que los recursos se asignen de manera efectiva y que los proyectos de IA tengan el mayor impacto posible. Algunos criterios de priorización pueden incluir el retorno de la inversión esperado, el tiempo necesario para la implementación y los beneficios a largo plazo para la organización.

Involucrar a las partes interesadas y formar equipos multidisciplinarios: La implementación exitosa de la IA requiere la colaboración y el compromiso de múltiples partes interesadas, incluidos los líderes de la organización, los profesionales del dominio y los expertos en IA. Involucrar a estas partes interesadas desde el principio del proceso de identificación de oportunidades de aplicación de la IA puede ayudar a garantizar que se aborden las preocupaciones y se incorporen las perspectivas de todos los involucrados. Además, formar equipos multidisciplinarios que combinen habilidades y conocimientos en tecnología, negocios y dominios específicos puede mejorar la eficacia y la innovación en la implementación de la IA.

Para adoptar un enfoque iterativo y centrado en el usuario la implementación de la IA puede ser un proceso complejo y en constante evolución. Adoptar un enfoque iterativo y centrado en el usuario puede ayudar a las organizaciones a adaptarse a medida que surgen nuevos desafíos y oportunidades. Esto implica desarrollar soluciones de IA en etapas, con ciclos de retroalimentación y mejoras continuas, y asegurarse de que las soluciones estén diseñadas teniendo en cuenta las necesidades y expectativas de los usuarios finales.

Desarrollo y selección de algoritmos y modelos de IA:

El proceso de desarrollo y selección de algoritmos y modelos de IA adecuados es crucial para el éxito de cualquier proyecto de inteligencia artificial. Para garantizar que se elijan las soluciones más apropiadas, se deben considerar varios factores, incluida la calidad de los datos, la complejidad del problema y los recursos disponibles.

En primer lugar, es fundamental comprender el problema que se intenta abordar y los objetivos del proyecto. Esto permite identificar el tipo de algoritmo o modelo que mejor se adapte a la situación. Por ejemplo, si se trata de un problema de clasificación, se podrían considerar algoritmos como la regresión logística, árboles de decisión o máquinas de vectores de soporte. Si el proyecto implica el procesamiento del lenguaje natural, podrían ser más adecuadas técnicas como el análisis de sentimiento, el reconocimiento de entidades nombradas o la traducción automática.

Una vez que se ha identificado el tipo de algoritmo o modelo apropiado, es importante considerar la calidad de los datos disponibles. Los datos de alta calidad son esenciales para entrenar modelos de IA precisos y efectivos. Asegurarse de que los datos estén limpios, estructurados y libres de sesgos es un paso crítico en el proceso de desarrollo y selección de algoritmos y modelos. Además, es posible que sea necesario realizar un análisis exploratorio de datos y una ingeniería de características para extraer información relevante y mejorar el rendimiento del modelo.

La complejidad del problema también es un factor importante a tener en cuenta al seleccionar algoritmos y modelos de IA. Si el problema es altamente complejo, puede ser necesario recurrir a modelos más avanzados, como redes neuronales profundas o métodos de aprendizaje por refuerzo. Sin embargo, estos modelos suelen requerir más recursos computacionales y tiempo de entrenamiento. Por lo tanto, es esencial equilibrar la necesidad de un modelo complejo con las limitaciones de recursos disponibles.

Finalmente, es fundamental experimentar con diferentes enfoques y ajustar los modelos según sea necesario para mejorar el rendimiento. Esto puede implicar la optimización de hiperparámetros, la adición de capas adicionales a una red neuronal o la exploración de diferentes técnicas de regularización para evitar el sobreajuste. A través de la experimentación y el ajuste continuo, se pueden lograr mejores resultados y garantizar que se seleccionen los algoritmos y modelos más efectivos para abordar el problema en cuestión.

Gestión y preparación de datos:

La gestión y preparación adecuada de los datos es un aspecto fundamental en el desarrollo de soluciones de inteligencia artificial. Los modelos de IA dependen en gran medida de la calidad, la diversidad y la representatividad de los datos utilizados para entrenar y validar sus algoritmos. Por lo tanto, es crucial prestar especial atención a estos aspectos en la etapa de preparación de datos.

Asegurar la calidad, la diversidad y la representatividad de los datos:

La calidad de los datos es esencial para garantizar que los modelos de IA sean precisos y efectivos. Los datos de baja calidad pueden generar resultados imprecisos y modelos ineficientes. Por lo tanto, es necesario verificar la calidad de los datos, identificar y corregir errores, inconsistencias o duplicados.

La diversidad de los datos es otro factor clave a considerar. Es fundamental que los datos utilizados para entrenar y validar los modelos de IA abarquen una amplia gama de situaciones y casos para garantizar que el modelo pueda generalizar y funcionar bien en diferentes contextos.

La representatividad de los datos se refiere a la medida en que los datos reflejan con precisión el dominio del problema y la población objetivo. Los datos deben ser representativos de la población o el contexto en el que se aplicará el modelo de IA para garantizar su efectividad y relevancia.

Preparar los datos mediante técnicas apropiadas:
La limpieza de datos es un paso importante en la preparación de datos y puede incluir la eliminación de duplicados, la corrección de errores tipográficos y la resolución de inconsistencias en la representación de los datos.

La imputación de valores faltantes es otra tarea fundamental en la preparación de datos. Los datos incompletos pueden afectar negativamente el rendimiento de los modelos de IA. Por lo tanto, es necesario identificar y tratar los valores faltantes utilizando técnicas apropiadas, como la imputación por la media, la mediana, la moda o mediante métodos más avanzados basados en modelos.

La normalización de los datos es un proceso que ajusta las escalas de las características para que sean comparables y tengan un rango común. La normalización puede ser especialmente útil cuando se trabaja con datos que tienen diferentes unidades de medida o rangos ampliamente diferentes, ya que esto puede afectar el rendimiento y la velocidad de convergencia de los algoritmos de IA.

La gestión y preparación de datos es crucial para el éxito de los modelos de IA. Asegurar la calidad, la diversidad y la representatividad de los datos, así como prepararlos adecuadamente, son tareas fundamentales que pueden marcar la diferencia en la efectividad y precisión de las soluciones de inteligencia artificial.

Preguntas y Respuestas

Gracias por acompañarnos en esta masterclass sobre inteligencia artificial. Nos encantaría recibir sus preguntas y comentarios para enriquecer la discusión y continuar aprendiendo juntos. Si tienen alguna pregunta o comentario sobre el contenido presentado, no duden en enviarnos un correo electrónico a la siguiente dirección: theaimasterclass1@gmail.com

Nos esforzaremos por responder a sus preguntas lo más pronto posible y agradecemos de antemano su interés y participación activa en este tema tan apasionante.

Estamos ansiosos por escuchar sus perspectivas y aprender de sus experiencias e inquietudes. Juntos, podremos seguir explorando y comprendiendo mejor el mundo de la inteligencia artificial y su impacto en nuestras vidas y en la sociedad.

Conclusión

La inteligencia artificial está transformando rápidamente nuestras vidas y la forma en que trabajamos, ofreciendo soluciones innovadoras y oportunidades emocionantes en una variedad de campos. Según expertos, la IA tiene el potencial de generar nuevos millonarios y revolucionar la economía global. Aquellos que puedan adaptarse y aprovechar esta nueva revolución tecnológica tendrán una ventaja significativa en el futuro.

Es fundamental comprender cómo aprovechar el potencial de la inteligencia artificial para abordar los desafíos y oportunidades que enfrentamos en el mundo real. Al explorar aplicaciones prácticas, tendencias y el futuro de la IA, esperamos que esta masterclass les haya proporcionado una visión sólida de lo que está por venir y cómo pueden aplicar la IA en sus propios campos de interés y trabajo.

La clave del éxito en esta nueva era de la IA será la capacidad de adaptarse, aprender y colaborar. Fomentar la cooperación entre expertos en IA, profesionales del dominio y otros interesados será esencial para garantizar que las soluciones desarrolladas sean inclusivas, éticas y efectivas.

Los alentamos a seguir aprendiendo y explorando el mundo de la inteligencia artificial, y a ser parte activa de la revolución tecnológica que está teniendo lugar. Al mantenerse informados y comprometidos con el desarrollo y la implementación de la IA, estarán bien posicionados para aprovechar las oportunidades y enfrentar los desafíos que presenta este emocionante y prometedor campo.

En última instancia, el futuro de la inteligencia artificial está en nuestras manos. Juntos, podemos utilizar esta poderosa tecnología para mejorar nuestras vidas, enfrentar los problemas globales y forjar un futuro más brillante y sostenible para todos.

Creación de Negocios Rentables con Inteligencia Artificial: Paso a paso

Paso 1: Identifica tu nicho de mercado
- Investiga y elige un nicho de mercado con demanda y potencial para crecer.
- Identifica las necesidades y problemas que enfrentan los consumidores en ese nicho.
- Asegúrate de que tu idea de negocio sea escalable y sostenible a largo plazo.

Paso 2: Investiga las posibilidades de la IA
- Estudia cómo la IA se está utilizando actualmente en tu nicho de mercado y en la industria en general.
- Identifica las tecnologías y aplicaciones de IA relevantes para tu negocio (por ejemplo, chatbots, análisis de datos, automación de procesos, etc.).
- Investiga las tendencias en IA y cómo podrían afectar a tu negocio en el futuro.

Puedes apoyarte con nuestra GUIA de herramientas para saber que IA puede enriquecer tu negocio y aprender a usarla ahora.

Paso 3: Define tu propuesta de valor
- Establece cómo la IA puede mejorar y diferenciar tu producto o servicio de la competencia.
- Considera como la IA puede ayudar a resolver problemas, mejorar la eficiencia y brindar una mejor experiencia al cliente.
- Desarrolla un enfoque centrado en el cliente y utiliza la IA para personalizar la experiencia del usuario.

Paso 4: Diseña tu modelo de negocio

- Establece tu modelo de ingresos, costos, recursos clave y propuesta de valor utilizando el Lienzo de Modelo de Negocios (Business Model Canvas) o una herramienta similar.
- Analiza cómo la IA se integrará en tu modelo de negocio y cómo afectará la rentabilidad y eficiencia.
- Considera los riesgos y desafíos asociados con la implementación de la IA y como abordarlos.

Paso 5: Crea un plan de implementación de IA

- Establece objetivos y cronogramas claros para la implementación de IA en tu negocio.
- Identifica los recursos necesarios para desarrollar y mantener tus soluciones de IA, incluyendo talento, hardware y software.
- Evalúa si es necesario contratar expertos en IA o colaborar con empresas especializadas en el campo.

Paso 6: Desarrolla y prueba tus soluciones de IA

- Implementa tus soluciones de IA en un entorno controlado y realiza pruebas para garantizar su efectividad y rendimiento.
- Asegúrate de cumplir con las regulaciones y leyes de privacidad de datos aplicables.

Paso 7: Lanza y promociona tu negocio

- Prepara una estrategia de marketing y comunicación que destaque el valor añadido de la IA en tu producto o servicio.
- Utiliza canales de marketing en línea y fuera de línea para llegar a tu público objetivo y generar interés en tu negocio.
- Monitorea y ajusta tus estrategias de marketing según sea necesario para optimizar el alcance y la efectividad.

Paso 8: Mide y optimiza el rendimiento de la IA

- Establece métricas clave de rendimiento (KPIs) para evaluar el impacto de la IA en tu negocio.
- Monitorea y analiza el rendimiento de tus soluciones de IA y realiza ajustes para mejorar su efectividad.
- Mantente informado sobre las últimas tendencias y avances en IA puedes hacerlo revisando nuestro contenido en nuestras redes sociales.

Impulsa tu negocio con la Inteligencia Artificial: Paso a paso

Paso 1: Evalúa las necesidades de tu negocio

- Revisa tus procesos actuales, identifica áreas de mejora y determina cómo la IA podría optimizarlos.
- Identifica problemas y desafíos específicos que podrían resolverse mediante el uso de la IA.
- Establece objetivos claros y realistas para la implementación de la IA en tu negocio.

Paso 2: Investiga las soluciones de IA disponibles

- Estudia cómo otras empresas de tu industria están utilizando la IA y qué resultados han obtenido.
- Investiga las diferentes aplicaciones de IA (p. ej., aprendizaje automático, procesamiento del lenguaje natural, visión por computadora, etc.) y cómo podrían aplicarse a tu negocio.
- Evalúa las ventajas y desventajas de desarrollar soluciones de IA internamente frente a contratar servicios de terceros.

Paso 3: Define un plan de implementación

- Establece un cronograma detallado para la implementación de la IA, incluyendo hitos y fechas límite.
- Identifica los recursos necesarios para desarrollar y mantener tus soluciones de IA, como talento, hardware y software.
- Establece un presupuesto para la implementación de la IA y asegúrate de que esté alineado con tus objetivos de negocio.

Paso 4: Forma un equipo de IA

- Determina si necesitas contratar expertos en IA o si puedes capacitar a tu personal actual para desarrollar y gestionar soluciones de IA.
- Si es necesario, contrata especialistas en IA, como científicos de datos, ingenieros de aprendizaje automático o desarrolladores de software especializados en IA.
- Fomenta la colaboración entre tu equipo de IA y otros departamentos para asegurar una integración exitosa de la IA en tu negocio.

Paso 5: Desarrolla y entrena tus modelos de IA

- Trabaja con tu equipo de IA para diseñar y construir soluciones personalizadas que aborden las necesidades y objetivos específicos de tu negocio.
- Recolecta y prepara datos para entrenar tus modelos de IA, asegurándote de cumplir con las regulaciones de privacidad de datos aplicables.
- Entrena y ajusta tus modelos de IA utilizando técnicas de aprendizaje automático y evalúa su rendimiento en función de tus objetivos.

Paso 6: Implementa y monitorea tus soluciones de IA

- Integra tus soluciones de IA en tus procesos de negocio y sistemas existentes.

- Realiza pruebas exhaustivas para garantizar que las soluciones de IA funcionen correctamente y cumplan con los requisitos de rendimiento.
- Establece métricas clave de rendimiento (KPIs) para evaluar el impacto de la IA en tu negocio y monitorea el progreso hacia tus objetivos.

Paso 7: Refina y optimiza tus soluciones de IA
- Utiliza los comentarios y los resultados de las pruebas para mejorar tus soluciones de IA y aumentar su eficacia.
- Asegúrate de que tus modelos de IA se actualicen y se ajusten regularmente para mantener su rendimiento a lo largo del tiempo.
- Continúa investigando las tendencias y avances en IA para identificar oportunidades adicionales de mejora y crecimiento.

Paso 8: Fomenta una cultura de innovación y aprendizaje
- Promueve la importancia de la IA y la innovación en toda tu organización.
- Capacita a tus empleados en habilidades relacionadas con la IA y fomenta la colaboración entre equipos y departamentos.
- Establece un enfoque de mejora continua, animando a tus empleados a identificar oportunidades para optimizar procesos y aplicar soluciones de IA.

Paso 9: Mide el impacto y el ROI de la IA
- Monitorea y analiza regularmente las métricas clave de rendimiento (KPIs) para evaluar el impacto de la IA en tu negocio.
- Mide el retorno de la inversión (ROI) de tus iniciativas de IA y ajusta tus estrategias y presupuestos en consecuencia.
- Utiliza los resultados para informar decisiones futuras sobre la implementación y expansión de la IA en tu negocio.

Paso 10: Comunica los logros y beneficios de la IA

- Comparte los éxitos y beneficios de la IA con tus empleados, clientes, inversores y otras partes interesadas.
- Destaca cómo la IA ha mejorado la eficiencia, la rentabilidad y la experiencia del cliente en tu negocio.
- Utiliza estos logros para reforzar tu posición en el mercado y diferenciar tu marca de la competencia.

Siguiendo estos pasos, podrás implementar con éxito la IA en tu negocio existente y aprovechar sus beneficios para mejorar la eficiencia, la rentabilidad y la experiencia del cliente. Recuerda que la implementación de la IA es un proceso continuo de aprendizaje y mejora, y es crucial mantenerse al tanto de las últimas tendencias y avances en el campo de la IA.

Resumen

Implementar IA en un negocio existente implica evaluar necesidades, investigar soluciones, definir un plan, formar un equipo, desarrollar y entrenar modelos, integrar y monitorear soluciones, optimizar procesos, fomentar una cultura de innovación, medir el impacto y comunicar logros. El enfoque se centra en mejorar la eficiencia, la rentabilidad y la experiencia del cliente, mientras se promueve la innovación y el aprendizaje continuo.

Guia de herramientas IA

En esta sección del libro, nos complace presentar una guía práctica para aplicar la inteligencia artificial en diferentes nichos y campos de interés. Comprender y aplicar la IA puede ser desafiante, especialmente debido a la amplia gama de herramientas y tecnologías disponibles. Esta guía tiene como objetivo simplificar este proceso y proporcionar un enfoque para ayudar a los lectores a seleccionar e implementar las herramientas de IA adecuadas según sus necesidades específicas.

La guía abarcará una variedad de nichos y áreas de interés, destacando cómo la inteligencia artificial se aplica en cada uno de ellos. Al proporcionar ejemplos concretos y sugerencias de herramientas relevantes, los lectores podrán identificar las soluciones que mejor se adapten a sus objetivos y requerimientos.

Lexica es una herramienta innovadora que permite a los usuarios explorar y descubrir imágenes generadas mediante la técnica de Stable Diffusion. Funciona como un motor de búsqueda específico para imágenes creadas por IA, similar a un "Google" para imágenes generadas por inteligencia artificial. Además, ofrece la opción de generar imágenes únicas según las necesidades del usuario. Lexica se encuentra disponible en el siguiente enlace: https://lexica.art

AI Magic Tools es un conjunto integral de más de 30 herramientas de inteligencia artificial desarrolladas por Runway. Al registrarse, los usuarios obtienen acceso a una amplia gama de funcionalidades, como edición de video en tiempo real, generación de imágenes, filtros y herramientas colaborativas. Esta suite de herramientas facilita la creación de contenido directamente desde el navegador web, ofreciendo una solución versátil para distintas necesidades creativas. Puedes encontrar AI Magic Tools en el siguiente enlace: https://runwayml.com/ai-magic-tools/

DALL-E es una herramienta de inteligencia artificial revolucionaria desarrollada por OpenAI, que permite generar imágenes únicas a partir de descripciones de texto. Con DALL-E 2, una de las versiones más populares de esta herramienta, los usuarios pueden crear imágenes realistas simplemente describiendo lo que desean visualizar, y DALL-E 2 lo generará automáticamente. Al combinar avanzadas técnicas de procesamiento del lenguaje natural y generación de imágenes, DALL-E 2 es capaz de transformar conceptos expresados en palabras en visualizaciones sorprendentemente realistas y creativas. Esta herramienta innovadora tiene un gran potencial en el campo del diseño gráfico, la publicidad y otras áreas donde la generación de imágenes a partir de ideas abstractas es clave. DALL-E 2 es un ejemplo destacado de cómo la inteligencia artificial puede potenciar la creatividad y abrir nuevas posibilidades en el mundo del arte y la comunicación visual. Puedes encontrar DALL-E en el siguiente enlace: https://openai.com/product/dall-e-2

DreamStudio es una herramienta en línea desarrollada por Stability AI, diseñada para brindar acceso fácil y rápido al uso de Stable Diffusion, uno de los motores más populares para generar imágenes a partir de solicitudes de texto. Esta plataforma permite a los usuarios aprovechar la potencia de Stable Diffusion en cualquier momento y desde cualquier lugar, simplificando el proceso creativo. Puedes acceder a DreamStudio a través del siguiente enlace: https://dreamstudio.ai/

Inworld es una herramienta de inteligencia artificial que facilita la creación de personajes virtuales basados en descripciones proporcionadas por el usuario. La IA genera personajes que cuentan con comportamientos, motivaciones y objetivos únicos, dando vida a tus ideas y enriqueciendo tus proyectos. Puedes explorar Inworld y comenzar a crear tus propios personajes a través del siguiente enlace: https://inworld.ai/

Lensa es una popular aplicación móvil que permite a los usuarios crear avatares personalizados a partir de sus fotos mediante la función Magic Avatars. Aunque la aplicación es de pago, por una pequeña inversión, los usuarios pueden obtener múltiples avatares con diversos estilos. Para lograr resultados óptimos, se recomienda enviar varios selfies de referencia, lo que permitirá a la aplicación generar avatares más precisos y variados. Lensa es una herramienta excepcional para quienes desean darle un toque personal a sus representaciones virtuales. Puedes obtener más información y acceder a Lensa en el siguiente enlace: https://prisma-ai.com/lensa

Midjourney es una impresionante y realista herramienta de inteligencia artificial que se especializa en generar imágenes a partir de solicitudes de texto. Actualmente, es una de las soluciones más avanzadas en este ámbito. La plataforma funciona a través de Discord, lo que permite una fácil integración y acceso a la comunidad. Aunque las primeras solicitudes de imágenes son gratuitas, para continuar utilizando el servicio se requiere una suscripción mensual. Midjourney es una excelente opción para quienes buscan imágenes sorprendentes y realistas generadas por IA. Para obtener más información y acceder a Midjourney, visita el siguiente enlace: https://www.midjourney.com/home/

Playground es una herramienta única e interesante que actúa como un buscador de prompts para la generación de imágenes en aplicaciones de creación artística. La plataforma presenta una página repleta de imágenes generadas por inteligencia artificial, y al hacer clic en una de ellas, se revela el prompt utilizado para crearla. Playground es particularmente útil para aquellos que buscan inspiración y ejemplos de cómo se pueden utilizar diversos prompts para generar imágenes sorprendentes y creativas con herramientas de IA. Para explorar Playground y descubrir una amplia gama de prompts e imágenes, visita el siguiente enlace: https://playgroundai.com/

Algunos ejemplos de imágenes que obtuvimos con algunas herramientas IA usando el prompt a continuación son las siguientes :

Prompt - natural landscape in the sea with slight touches of pink in the air and on the side you can see some large mountains in black as a silhouette, in the sea you can appreciate a small sailboat

Synthesia es una herramienta innovadora diseñada para transformar texto plano en videos atractivos, compatible con hasta 120 idiomas diferentes. Esta solución de pago está pensada principalmente para empresas que buscan mejorar su comunicación visual y llegar a audiencias globales. Los planes de suscripción comienzan desde 30 dólares al mes, ofreciendo a las organizaciones una herramienta eficiente y fácil de usar para crear contenido multimedia de alta calidad. Para obtener más información sobre Synthesia y sus opciones de suscripción, visita el siguiente enlace: https://www.synthesia.io/

Scenario es una innovadora aplicación que utiliza la inteligencia artificial para ayudar a los creadores de juegos a generar recursos y elementos de diseño. Esta herramienta, accesible mediante registro, está disponible tanto en versión web como en aplicaciones móviles, lo que facilita su uso en diferentes dispositivos y plataformas. Scenario es una solución perfecta para aquellos que buscan mejorar y agilizar la creación de contenido en sus proyectos de desarrollo de juegos, aprovechando el poder de la IA para generar resultados sorprendentes. Para obtener más información y comenzar a utilizar Scenario, visita el siguiente enlace: https://www.scenario.com/

CharacterAI es una plataforma innovadora que permite a los usuarios crear chatbots de inteligencia artificial e interactuar con aquellos creados por otros usuarios. Gracias al uso de ChatGPT como motor, los chatbots pueden simular personajes de la vida real, como Elon Musk, o ficticios, como Bowser. Esta herramienta brinda una experiencia interactiva y divertida, permitiendo a los usuarios explorar el potencial de los chatbots impulsados por IA. Puedes acceder a CharacterAI en el siguiente enlace: https://beta.character.ai/

Namelix es una herramienta en línea que ayuda a las personas a generar nombres para empresas, marcas, productos y dominios de manera fácil y rápida. Utiliza algoritmos y tecnología de inteligencia artificial para generar una lista de nombres disponibles basados en las palabras clave y preferencias del usuario. Namelix ofrece opciones para personalizar los resultados, como la longitud del nombre, la inclusión de palabras clave específicas, el estilo y la disponibilidad del dominio. Además, la herramienta proporciona una amplia variedad de sugerencias de nombres que pueden servir como fuente de inspiración para los usuarios. Namelix es una herramienta útil para los emprendedores y empresas que buscan un nombre atractivo y memorable para su marca.

Ingresa a la página web de Namelix (www.namelix.com).

1. Ingresa una o varias palabras clave que describan tu negocio, marca o producto en la sección "Enter a word that describes your business".
2. Selecciona una categoría que describa tu negocio, marca o producto en la sección "Select a business category". Esto ayudará a Namelix a generar nombres más relevantes para ti.
3. Haz clic en el botón "Generate Names" para que Namelix comience a generar nombres para tu negocio o marca.
4. Desplázate hacia abajo en la página y revisa los nombres generados por Namelix. Puedes hacer clic en el botón "View" para ver cómo se vería el nombre en un logotipo.
5. Si quieres refinar los resultados, puedes utilizar las opciones disponibles en la parte superior de la página para ajustar el número de palabras, la longitud del nombre y las palabras clave a incluir o excluir.
6. Una vez que hayas encontrado un nombre que te guste, puedes hacer clic en el botón "Buy Domain" para ver si el nombre de dominio correspondiente está disponible para su compra.

7. Si decides comprar el nombre de dominio, serás redirigido a un sitio web de registro de nombres de dominio donde podrás completar la compra.

LOVO AI Text to Speech es una tecnología avanzada que brinda a los usuarios la capacidad de generar locuciones de alta calidad con voces naturales y profesionales en 100 idiomas diferentes. Gracias a esta solución impulsada por inteligencia artificial, ya no es necesario recurrir a talento vocal costoso, ya que LOVO AI puede producir voces realistas en una fracción del tiempo y del costo habitual. Esta herramienta innovadora ofrece una alternativa eficiente y rentable para satisfacer las necesidades de locución en diversos ámbitos y proyectos. enlace : https://lovo.ai/

Durable AI es una plataforma innovadora de diseño de sitios web que emplea la inteligencia artificial para facilitar a los emprendedores la creación de sitios web profesionales de manera eficiente y sencilla. Esta herramienta revolucionaria simplifica el proceso de desarrollo web, permitiendo a los usuarios centrarse en sus objetivos empresariales mientras Durable AI se encarga de la creación de sitios web atractivos y funcionales. Enlace : https://durable.co

Tome.app es una aplicación web que emplea la inteligencia artificial (IA) para crear presentaciones y proyectos en formato de narrativa o storytelling. Esta innovadora herramienta se apoya en dos tecnologías punteras: GPT-3 y DALL-E. GPT-3 es un modelo de lenguaje capaz de generar textos coherentes y creativos sobre cualquier temática, proporcionando contenido relevante y atractivo para las presentaciones y proyectos desarrollados con https://beta.tome.app

Debuild es una herramienta de bajo código alimentada por inteligencia artificial que facilita la creación rápida de aplicaciones web. Con Debuild, los usuarios pueden generar componentes de React, código SQL y construir interfaces visuales de manera intuitiva. Además, esta herramienta permite publicar la aplicación con tan solo un clic, lo que simplifica y agiliza todo el proceso de desarrollo y despliegue de aplicaciones web. Enlace : https://debuild.app/

Replika es una inteligencia artificial diseñada para ser tu amigo virtual y compañero constante. Este asistente personal en forma de IA ofrece la posibilidad de mantener conversaciones en cualquier momento, interactuar de diversas maneras y estar siempre disponible para brindar apoyo y compañía. Para descubrir más sobre Replika y cómo puede enriquecer tu vida social, visita el siguiente Enlace: https://replika.ai/

Flair es una herramienta destinada a diseñar contenido empresarial, especialmente útil para aquellos que buscan promocionar un producto. Esta inteligencia artificial es capaz de generar sesiones fotográficas del producto en cuestión, facilitando la creación de material visual atractivo y eficaz. Para conocer más acerca de Flair y cómo puede impulsar tus esfuerzos promocionales, visita el siguiente enlace: https://withflair.ai

Interior AI es un sistema de inteligencia artificial diseñado para ayudar a crear maquetas de diseño de interiores y realizar montajes virtuales de espacios. Esta herramienta es ideal para los apasionados del diseño de interiores que buscan visualizar y planificar proyectos de manera eficiente y realista. Para obtener más información y descubrir cómo Interior AI puede mejorar tus habilidades en el diseño de interiores, visita el siguiente enlace: https://interiorai.com

Stockimg.ai es un sistema de inteligencia artificial que permite diseñar una amplia variedad de elementos visuales, desde portadas de libros hasta pósteres, logotipos, ilustraciones e imágenes de stock. Esta herramienta versátil y potente facilita la creación de material gráfico de calidad para diversos propósitos y proyectos. Para conocer más sobre Stockimg.ai y cómo puede enriquecer tus diseños, visita el siguiente enlace: https://stockimg.ai

Ask Botta es un asistente de enseñanza o profesor virtual que se adapta a tus necesidades. Simplemente elige un tema y Botta se convierte en un experto en el área, permitiéndote hacer preguntas y recibir soluciones a tus problemas. Para aprovechar al máximo las habilidades de este innovador asistente de aprendizaje, visita el siguiente enlace: https://askbotta.com/

SchoolAI es una herramienta diseñada especialmente para profesores, con el objetivo de asistirlos en tareas tediosas como la redacción de correos electrónicos, planificación, generación de ideas, creación de exámenes e informes. Esta herramienta facilita la gestión del tiempo y la organización del trabajo docente, permitiendo a los educadores centrarse en aspectos más importantes de su labor. Para descubrir cómo SchoolAI puede mejorar tu experiencia como profesor, visita el siguiente enlace: https://www.schoolai.co/

Chat Data Prep es un innovador sistema de inteligencia artificial que permite crear modelos de aprendizaje automático en cuestión de minutos. No es necesario dominar fórmulas complicadas, SQL ni habilidades de desarrollo para transformar tus datos en información valiosa. Basta con solicitarlo a esta IA de Akkio, que se encargará de hacer el trabajo por ti. Para conocer más sobre Chat Data Prep y cómo puede simplificar la creación de modelos ML, visita el siguiente enlace: https://www.akkio.com/chat-data-prep

CodiumAI es un avanzado sistema de inteligencia artificial diseñado para analizar el código que estés desarrollando y generar pruebas significativas. Su objetivo es ayudarte a identificar bugs y errores en tu programación, mejorando así la calidad y eficiencia de tu trabajo. Si deseas aprovechar las ventajas que ofrece CodiumAI en la búsqueda y solución de problemas en tu código, visita el siguiente enlace: https://www.codium.ai

Ghostwriter es una herramienta eficiente que te asiste en la creación de código para tus proyectos de programación. Solo necesitas especificar el tipo de código que deseas y Ghostwriter te guiará en el proceso directamente desde tu navegador, eliminando la necesidad de descargar o configurar software adicional. Para comenzar a utilizar Ghostwriter y agilizar tus proyectos de programación, visita el siguiente enlace: https://replit.com/site/ghostwriter

DraftLab es un asistente de inteligencia artificial especialmente diseñado para mejorar tu experiencia en Gmail. Esta herramienta te ayuda a redactar mensajes más eficientes y precisos, e incluso generará respuestas automáticamente basándose en el contenido inicial de tu texto y en lo que la otra persona ha escrito. Para optimizar tus comunicaciones por correo electrónico y aprovechar las ventajas que ofrece DraftLab, visita el siguiente enlace: https://draftlab.ai/

Mood es una herramienta de inteligencia artificial profesional diseñada para mejorar y potenciar tu podcast. Esta IA te ofrece múltiples funciones, como generar transcripciones, resúmenes, identificar palabras clave, crear descripciones, títulos, entradas de blogs y publicaciones en redes sociales. Aunque actualmente se encuentra en lista de espera, no dudes en visitar el enlace https://usemood.us/ para conocer más sobre esta innovadora solución que puede llevar tu podcast al siguiente nivel.

Peech es una herramienta diseñada para facilitar la creación de contenidos de video para marketing. Al proporcionarle tu video, la inteligencia artificial se encargará de generar transcripciones, realizar ediciones y llevar a cabo otras acciones relevantes para mejorar y optimizar tu material. Para obtener más información sobre esta eficiente solución visita el siguiente enlace : https://www.peech-ai.com/

Qclip es una herramienta impulsada por inteligencia artificial que permite a los profesionales crear clips cortos a partir de videos más largos. A pesar de su precio elevado, Qclip ofrece una solución efectiva y de alta calidad para aquellos que buscan optimizar sus contenidos audiovisuales. Puedes probarlo de forma gratuita antes de decidirte a invertir en el servicio. Enlace : https://www.qlip.ai

Rask es una herramienta útil que facilita la creación de subtítulos y doblajes en varios idiomas para tus videos. Aunque es un servicio de pago, Rask ofrece una prueba gratuita de dos semanas para que puedas experimentar sus funcionalidades antes de comprometerte. Para obtener más información y comenzar tu prueba, visita su sitio web en www.rask.ai.

MusicLM es una innovadora tecnología de inteligencia artificial desarrollada por Google, capaz de generar música de alta calidad a partir de instrucciones escritas. Esta IA puede interpretar una amplia gama de audios y melodías, adaptándose a las descripciones de texto proporcionadas. Con MusicLM, Google ofrece una herramienta revolucionaria que permite a los usuarios explorar la creación musical de una manera única y personalizada.

Madritia es una inteligencia artificial (IA) especializada en análisis técnico y trading. Diseñada para proporcionar análisis detallados de instrumentos financieros en la unidad de tiempo seleccionada por el usuario, Madritia es capaz de analizar gráficos de acciones, índices bursátiles, pares de divisas en Forex, materias primas e incluso criptomonedas. Esta avanzada herramienta de IA permite a los inversores tomar decisiones informadas en el ámbito financiero, optimizando sus estrategias de inversión.

Bing Chat es la inteligencia artificial conversacional desarrollada por Microsoft en colaboración con OpenAI, quienes también crearon ChatGPT. Utilizando la avanzada tecnología GPT-4, Bing Chat se está implementando gradualmente de forma gratuita para todos los usuarios del buscador de Microsoft. Esta herramienta de IA ofrece una experiencia de usuario mejorada y personalizada en Bing. Enlace: https://www.bing.com/?scope=web&FORM=HDRSC2

CHAT GPT

¿Qué es ChatGPT?
ChatGPT es una variante de GPT, una serie de modelos de lenguaje generativos desarrollados por OpenAI. GPT, que significa "Generative Pre-trained Transformer", se basa en la arquitectura Transformer y es conocido por su capacidad para generar texto coherente y relevante en función de un "prompt" o entrada de texto. ChatGPT es una versión especializada de GPT diseñada para generar respuestas más naturales y conversacionales en contextos de diálogo.

Arquitectura y funcionamiento de ChatGPT
ChatGPT se basa en la arquitectura Transformer, que utiliza mecanismos de atención para procesar y generar texto de manera eficiente. La formación de ChatGPT implica dos fases principales: preentrenamiento y ajuste fino. Durante el preentrenamiento, el modelo aprende patrones y estructuras del lenguaje a partir de grandes cantidades de texto. Luego, durante el ajuste fino, el modelo se entrena en conjuntos de datos específicos de diálogo para mejorar su capacidad de generar respuestas conversacionales.

Cómo comenzar con ChatGPT

Requisitos y configuración
Para comenzar con ChatGPT, es necesario tener acceso a la API de OpenAI o utilizar una biblioteca de código abierto que admita el modelo. También necesitará un entorno de programación compatible con Python y los paquetes necesarios para trabajar con ChatGPT, como TensorFlow o PyTorch.

Acceso a APIs y bibliotecas

Para acceder a la API de ChatGPT de OpenAI, deberá registrarse en el sitio web de OpenAI y obtener una clave API. También puede optar por utilizar bibliotecas de código abierto, como Hugging Face Transformers, que admiten modelos GPT.

Primeros pasos y experimentación

Una vez que haya configurado su entorno y tenga acceso a la API o biblioteca correspondiente, puede comenzar a experimentar con ChatGPT. Esto implica importar el modelo, cargarlo en su entorno y proporcionar prompts para generar respuestas. Puede ajustar varios parámetros, como la temperatura y el límite máximo de tokens, para controlar la creatividad y la longitud de las respuestas generadas.

Trabajar con prompts en ChatGPT

Entendiendo los prompts

Los prompts son entradas de texto que proporciona al modelo ChatGPT para guiar su generación de respuestas. Pueden ser preguntas, declaraciones o fragmentos de texto que establezcan el contexto y el propósito de la respuesta deseada. ChatGPT utiliza su conocimiento previo y las estructuras lingüísticas aprendidas durante el entrenamiento para generar respuestas coherentes y relevantes basadas en los prompts.

Las indicaciones, o "prompts", son esenciales para obtener los resultados deseados al comunicarte con ChatGPT-3. Piensa en ellas como una forma de guiar a la inteligencia artificial utilizando palabras y texto sencillos en lugar de código. De esta manera, ChatGPT comprenderá tus objetivos con precisión.

Al redactar tus indicaciones, ten presente que GPT intenta predecir lo que debe continuar en el texto. Por ello, es crucial proporcionar instrucciones claras y ejemplos relevantes. De esta forma, podrás ayudar a GPT a entender el contexto y obtener la mejor respuesta posible.

Además, la calidad de tus indicaciones es un factor determinante. La ortografía, la claridad del texto y la cantidad de ejemplos que ofrezcas pueden influir directamente en la calidad de la respuesta generada. Así que asegúrate de revisar todo detenidamente antes de enviar tus indicaciones para obtener los mejores resultados.

Tipos de prompts y ejemplos
Hay varios tipos de prompts que puede utilizar para obtener diferentes tipos de respuestas de ChatGPT:

Prompts Secuenciales:
Estos prompts piden a ChatGPT que complete una secuencia de eventos o acciones. Son útiles para describir procesos paso a paso.
Ejemplo: "Describe los pasos para preparar una taza de té."

Prompts Estructurales:
Solicitan a ChatGPT generar texto siguiendo una estructura específica, como un formato de carta o ensayo.
Ejemplo: "Escribe una carta de presentación para solicitar un empleo."

Prompts Argumentales:
Requieren que ChatGPT desarrolle argumentos o puntos de vista sobre un tema.
Ejemplo: "Argumenta a favor de la adopción de energías renovables."

Prompts Comparativos:

Piden a ChatGPT comparar dos o más elementos y destacar sus similitudes o diferencias.

Ejemplo: "Compara la vida en la ciudad con la vida en el campo."

Prompts Condicionales:

Estos prompts solicitan a ChatGPT responder a situaciones hipotéticas o basadas en condiciones específicas.

Ejemplo: "Si tuvieras la oportunidad de viajar al espacio, ¿qué experimento científico realizarías?"

Prompts 'Vacíos' o huecos:

Estos prompts dejan un espacio en blanco para que ChatGPT lo complete, proporcionando información o completando una oración.

Ejemplo: "Una de las maravillas naturales del mundo es _____."

Prompts Creativos:

Estos prompts animan a ChatGPT a generar contenido creativo, como historias, poemas o ideas innovadoras.

Ejemplo: "Escribe un cuento corto sobre un viaje en el tiempo."

Prompts Informativos:

Solicitan a ChatGPT proporcionar datos o información específica sobre un tema determinado.

Ejemplo: "¿Cuáles son los beneficios de llevar una dieta vegetariana?"

Para la creación de prompts sea claro y conciso al formular sus prompts para evitar confusiones o respuestas irrelevantes.

Proporcione contexto suficiente para guiar a ChatGPT hacia la respuesta deseada.

Experimente con diferentes formulaciones y enfoques para obtener los mejores resultados (Entre mas detallado sea su prompt mejor será la respuesta que recibirá a cambio).

Optimización y ajuste fino de ChatGPT

Ajuste fino y personalización del modelo

El ajuste fino es el proceso de entrenar a ChatGPT en conjuntos de datos específicos para mejorar su rendimiento en tareas particulares o dominios de conocimiento. Puede realizar ajuste fino en su propio conjunto de datos o utilizar conjuntos de datos predefinidos disponibles en la API de OpenAI o en bibliotecas de código abierto.

Evaluación y mejora del rendimiento

Para evaluar el rendimiento de ChatGPT, puede utilizar métricas como la precisión, el BLEU (para traducción) o la ROUGE (para resumen). También puede realizar evaluaciones cualitativas mediante la revisión manual de las respuestas generadas. Si el rendimiento no es satisfactorio, puede ajustar los parámetros del modelo, mejorar la calidad de los datos de entrenamiento o realizar un ajuste fino adicional.

Consideraciones éticas y de seguridad

Al trabajar con ChatGPT, es importante tener en cuenta las consideraciones éticas y de seguridad, como la privacidad de los datos, la imparcialidad algorítmica y la prevención de usos indebidos. Asegúrese de cumplir con las leyes y regulaciones aplicables y siga las mejores prácticas para garantizar el uso responsable de la IA.

Casos de éxito y aplicaciones en la vida real

Ejemplos de uso exitosos de ChatGPT

ChatGPT se ha utilizado con éxito en una variedad de aplicaciones y contextos:

Asistentes virtuales y chatbots: Empresas como Google y Microsoft han utilizado ChatGPT para mejorar la calidad y la naturalidad de las respuestas generadas por sus asistentes virtuales y chatbots.

Generación de contenido: Escritores y periodistas han empleado ChatGPT para generar ideas y escribir borradores de artículos, facilitando y acelerando el proceso creativo.

Resumen y parafraseado de texto: ChatGPT ha sido utilizado por estudiantes e investigadores para resumir y parafrasear información, lo que les permite ahorrar tiempo y mejorar la comprensión de los textos.

Traducción automática: ChatGPT ha demostrado su capacidad en la traducción de textos entre diferentes idiomas, proporcionando una herramienta útil para comunicarse con personas de diferentes culturas y antecedentes.

Análisis de sentimiento: Empresas de marketing y análisis de datos han empleado ChatGPT para analizar el sentimiento en opiniones de productos y comentarios en línea, lo que les permite tomar decisiones informadas basadas en el feedback de los clientes.

La calidad de los datos de entrenamiento y ajuste fino es crucial para obtener buenos resultados. Experimentar con diferentes configuraciones y parámetros del modelo puede mejorar significativamente el rendimiento. La comunicación clara y efectiva en los prompts es esencial para obtener respuestas precisas y relevantes.

Con el éxito de ChatGPT en diversas aplicaciones, hay una gran cantidad de oportunidades para explorar su uso en nuevas áreas y contextos. Aquí tienes cinco ejemplos de prompts para diferentes trabajos generales:

Prompt para profesor:
Tengo un estudiante de 10 años que necesita ayuda para mejorar sus habilidades matemáticas, especialmente en multiplicación y división. Proporcione una breve descripción de un plan de lecciones que incluya ejercicios y actividades que puedan ayudar al estudiante a comprender y practicar estos conceptos. Mi primera solicitud es: "Necesito aprender a multiplicar números de dos dígitos".

Prompt para abogado:
Estoy buscando asesoramiento legal sobre cómo iniciar un pequeño negocio, incluidos los aspectos de registro, licencias y permisos necesarios. Explique los pasos esenciales para establecer un negocio legalmente y las responsabilidades que conlleva. Mi primera pregunta es: "¿Qué tipo de entidad comercial debo elegir para mi negocio?"

Prompt para nutricionista:
Necesito una dieta equilibrada que me ayude a perder peso y mejorar mi salud en general. Por favor, proporcione una descripción general de un plan de comidas para una semana que incluya una variedad de alimentos saludables y satisfactorios. Mi primera solicitud es: "¿Cuántas calorías debo consumir diariamente para alcanzar mi objetivo de pérdida de peso?"

Prompt para entrenador personal:
Estoy interesado en mejorar mi fuerza y acondicionamiento físico, pero no tengo experiencia en entrenamientos con pesas. Por favor, diseñe un programa de ejercicios básico que pueda realizar en casa con equipo

mínimo, como mancuernas y una colchoneta. Mi primera pregunta es: "¿Qué ejercicios puedo hacer para fortalecer mis piernas y glúteos?"

Prompt para diseñador gráfico:
Estoy buscando crear un logotipo para mi nueva empresa de tecnología. Los valores de la empresa incluyen innovación, sostenibilidad y colaboración. Por favor, describa tres conceptos diferentes de logotipos que reflejen estos valores y explique cómo cada uno comunica la identidad de la empresa. Mi primera solicitud es: "Quiero un logotipo que represente la conexión entre tecnología y medio ambiente".

Conclusión
Los prompts de ChatGPT pueden ser el recurso ideal para tus necesidades y objetivos, ofreciendo una solución versátil y eficiente. Ya sea para generar nuevas ideas, organizar tus pensamientos o mantener la concentración en una tarea, ¡ChatGPT está aquí para ayudarte a lograr tus metas en el trabajo, en casa y en cualquier otro lugar que requiera asistencia!
La inteligencia artificial te permite potenciar tu creatividad y rendimiento profesional sin la necesidad de ser un experto en tecnología. Solo explora las distintas opciones y selecciona la que mejor se ajuste a tus requerimientos y gustos personales.

Para escribir prompts de ChatGPT efectivos, sigue estos consejos:

Los prompts breves y concisos funcionan mejor. Asegúrate de que tu mensaje sea claro y directo, facilitando su comprensión por parte de los usuarios.
Lenguaje natural: Es esencial que el prompt sea fácil de entender. Utiliza palabras comunes y accesibles para evitar confusiones innecesarias. ¡La simplicidad es la clave!

Claridad y especificidad: Evita la ambigüedad y opta por términos precisos y específicos. Si hay algún aspecto crucial que debas destacar, enfatízalo de manera clara en el prompt.

Contextualización: Proporciona contexto suficiente para que ChatGPT comprenda el propósito y la intención detrás de tu solicitud, lo que permitirá obtener respuestas más relevantes y útiles.

Adaptabilidad: No dudes en experimentar con diferentes enfoques y estilos de prompts para encontrar el que mejor funcione para ti. La flexibilidad y la capacidad de adaptarse a diferentes situaciones son fundamentales para aprovechar al máximo las capacidades de ChatGPT.

Conclusión y proyecciones futuras

La transformación de nuestro futuro a través de la inteligencia artificial Al concluir nuestro viaje en "El Camino Hacia el Futuro: Masterclass en Inteligencia Artificial y Transformación Digital", es evidente que la inteligencia artificial y la transformación digital están moldeando nuestro futuro de manera revolucionada. Al comprender y aplicar estos conocimientos en nuestras vidas, nos posicionamos a la vanguardia de esta transformación, dando pasos adelante de aquellos que aún no han adoptado estas tecnologías.

La inteligencia artificial nos brinda la capacidad de analizar grandes cantidades de datos, automatizar procesos y mejorar la toma de decisiones. Estas ventajas nos permiten innovar, crecer y adaptarnos a un mundo en constante cambio. Al abrazar la IA y la transformación digital en nuestra vida diaria y en el ámbito laboral, no solo nos volvemos más eficientes y productivos, sino que también nos abrimos a nuevas oportunidades y desafíos emocionantes.

A medida que nos adentramos en este nuevo mundo de posibilidades, es esencial desarrollar una mentalidad de crecimiento y un enfoque de aprendizaje continuo. Al hacerlo, podremos aprovechar al máximo las oportunidades que la IA y la transformación digital nos ofrecen y estar siempre un paso por delante de los demás.

Esperamos que este libro haya despertado en usted la curiosidad, la pasión y la necesidad de explorar y utilizar la inteligencia artificial en su vida, tanto personal como profesional. Recuerde que, al abrazar estas tecnologías y conocimientos, no solo está transformando su futuro, sino también el mundo que nos rodea. Juntos, podemos liderar el camino hacia un futuro más inteligente, conectado y próspero para todos.

Transforma tu futuro

"No es la especie más fuerte la que sobrevive, ni la más inteligente; es la que mejor se adapta al cambio."

- Charles Darwin.

Sobre el autor:

Santiago Velázquez es un entusiasta y experto en inteligencia artificial y transformación digital. Ha dedicado parte de su carrera a explorar y analizar el impacto y el potencial de la IA en diversos sectores y aplicaciones.

A lo largo de su carrera ha trabajado en estrecha colaboración con expertos en la materia, líderes de la industria y organizaciones, adquiriendo una comprensión profunda de cómo la inteligencia artificial puede ser utilizada de manera responsable y efectiva para impulsar la innovación y el crecimiento.

Su pasión por la IA y la transformación digital lo ha llevado a convertirse en un defensor de la adopción ética y sostenible de estas tecnologías, promoviendo la colaboración entre expertos en IA y profesionales de diversos campos para garantizar un enfoque multidisciplinario en la resolución de problemas.

El autor se dedica a compartir sus conocimientos y experiencia con otros, con el objetivo de inspirar a la próxima generación de líderes y profesionales en el campo de la inteligencia artificial. Su enfoque riguroso y su compromiso con la excelencia en la investigación y la práctica garantizan que la información proporcionada en esta obra sea de la más alta calidad y relevancia para sus lectores.

Antes de concluir esta obra nos gustaría expresar nuestro más profundo agradecimiento a todas las personas que han contribuido al éxito de este evento.

En primer lugar, agradecemos a nuestros expertos en inteligencia artificial y profesionales del dominio, cuyos conocimientos y experiencias han sido fundamentales para desarrollar el contenido y proporcionar información valiosa a lo largo de la masterclass.

También queremos agradecer a nuestro equipo organizador, que ha trabajado incansablemente para planificar y coordinar este evento, asegurando una experiencia de aprendizaje fluida y enriquecedora para todos los participantes.

Agradecemos a nuestras instituciones y patrocinadores asociados por su apoyo y compromiso con la promoción y difusión del conocimiento en el campo de la inteligencia artificial.

Por último, pero no menos importante, queremos expresar nuestro sincero agradecimiento a todos los participantes que han asistido a esta masterclass. Su interés, entusiasmo y compromiso con la exploración y comprensión de la inteligencia artificial son fundamentales para impulsar el avance y la adopción responsable de estas tecnologías en nuestra sociedad.
Esperamos que hayan disfrutado de la masterclass y les agradecemos nuevamente por ser parte de esta experiencia de aprendizaje. Juntos, podemos seguir construyendo un futuro más brillante e innovador en el campo de la inteligencia artificial.

THE AI MASTERCLASS

TRANSFORMA TU FUTURO

www.ingramcontent.com/pod-product-compliance
Lightning Source LLC
LaVergne TN
LVHW092030060326
832903LV00058B/490